玉溪窑

青花文化探究

The Exploration on Blue-and-white Porcelain Culture in Yuxi Kiln

李华伦◎著

云南大学出版社
YUNNAN UNIVERSITY PRESS

玉溪窑的乡愁、乡情与乡贤

——序《玉溪窑青花文化探究》

四月清晨的云南大学东陆园绿意盎然，鸟雀的清鸣和着朗朗晨读，已然让时光停留，涤除了所有杂思，一切空得让人只闻得见草木的味道，听得到空气的静谧。陶瓷研究所的窗外玉白的梨花吐出粉黄信子，一阵风来，飘摇浮下，一会儿翻转，一会儿起而复下，像细雨将歇之时轻盈闪过的纷纷点点。

凝视着书桌上华伦老师的新著文稿，我想起了王维的诗句："君自故乡来，应知故乡事。来日绮窗前，寒梅著花未？"我不知道王维故乡窗棂外的梅花是否开放，但我却被这本来自玉溪窑青花故乡的《玉溪窑青花文化探究》引回到复烧玉溪窑青花的往事之中。

我认识华伦老师，已有六年多了。2012年我着手在玉溪开始传统青花烧造技艺的恢复，当时条件很困难，始终找不到合适的场地建设实验室，就在最关键的时间节点上，我和华伦老师相遇、相识、相知，在陈泰敏、方洪等友人的见证下，云南大学艺术与设计学院和玉溪技师学院开始共建"玉溪窑发展研究中心"，开始了玉溪窑青花烧造技艺的恢复工作。事实上，如果玉溪没有那么多热爱玉溪窑的朋友，如果没有那么多玉溪朋友的支持，玉溪窑一定不能取得今天的成就。我想这就是玉溪人身上的特质，深爱家乡一草一木的特质，对生活在玉溪这块土地上发自内心自豪的特质，而玉溪窑青花正是寄托着所有玉溪人乡情、乡愁的那一段不能割舍的风土人情。

华伦老师是一名教育工作者，他一生从事职业教育，以忠诚之心、谦敬之心为党和国家培养人才；他是一名鉴藏家，长期收藏整理玉溪窑青花史料；他还是一名学者，在玉溪窑青花文化和传承的研究上，卓有建树，成果斐然；他更是一个普通的玉溪人，在他谈古论今，藏陶饮茶，为人助人的点点滴滴之中，总离不开对故乡的由衷赞誉和责任担当。

《玉溪窑青花文化探究》一书，图文并茂，内容丰富。从学理上看，它对玉溪窑青花文化研究、传承、创新提出了新的路径。从文化传承上讲，它提出玉溪青花“非遗”文化的校园传承路径，校企合作共建“AD11”双创平台新模式，构建一种全新的政府支持、校校合作、学院主导、企业运营的文化传承创新模式。其中，玉溪技师学院与云南大学深度合作，协同创新，争取高校学术资源支撑，基于玉溪窑发展研究中心，推进玉溪窑青花瓷烧制技艺传承和人才培养工作的具体思路和方法，皆是理论研究和实践创新的体现。

从文化鉴赏与传播的角度上说，《玉溪窑青花文化探究》把玉溪的历史文化、工艺传统、造物智慧、手工精神做了详细的叙述，进而将玉溪窑青花文化植入新时代建设和中华传统优秀文化传承的总思路、总架构，探索玉溪青花与玉溪人生活的关系，玉溪青花与玉溪宗教文化的关系，玉溪青花与玉溪茶文化、酒文化、康体文化的关系，玉溪青花与中原文化、东南亚文化的关系，拓展了玉溪窑青花研究的深度和广度。我想，这些研究成果对于当代玉溪窑青花文化创新，进一步增强玉溪窑青花文化自信和当代生命活力，是积极且有效的。

华伦老师不仅是研究理论的学者，还是实践者。在书中他进一步提出了玉溪窑青花开发创新思路，以日用陶瓷为主，开发创新餐具、茶具、酒具；以青花艺术品创新为特色，开发具有玉溪元素的瓷板画、瓷盘画、瓷器画，将玉溪以及云南的少数民族文化、红土地山水文化、帽天山古生物文化、传统的玉溪窑青花装饰纹饰融为一体，以玉溪窑青花瓷器为载体，让玉溪青花文化走向世界。

华伦老师的这本著作，仅仅是他所有工作的一个局部。我感谢玉溪，感谢玉溪窑青花，让我有缘分结识像华伦老师这样一大批热爱玉溪窑青花的朋友。一个地方要有一个地方的风光，一个地方也要有一个地方的文化，一个地方更要有一群有情怀、有担当的乡贤。我相信在玉溪市委、市政府的大力支持下，玉溪窑青花在不久的将来，会形成以玉溪青花博物馆、青花古窑遗址、青花一条街、青花双创平台、青花生产基地等为标志的新的玉溪名片。

吴白雨

2018年6月26日

目　录

第一章　玉溪厚重的历史文化

第一节　玉溪山水

玉溪地处滇中腹地，因碧玉清溪而得名。总面积1.5万平方千米，位于北纬24° 04′ —24° 40′ 和东经102° 09′ —102° 58′ 之间的滇中大地。东北和北面与昆明市相接，东南和南面与红河州相邻，西南和西面连接普洱市，西北靠楚雄州。玉溪东枕南盘江，拥有抚仙湖、星云湖、杞麓湖之高原明珠；西据哀牢山，这里重峦叠嶂，山高谷深，云遮雾绕，山奇林秀，四季如春，是最适宜人们居住的健康生活目的地。

一、抚仙湖

抚仙湖是珠江源头第一大湖，得名于仙人相扶。据传说，玉皇大帝派了天上的肖、石二仙到人间巡察，来到玉溪，看见一池碧水，波光粼粼，二仙就为湖光山色所迷住，忘了返回天宫的时辰，于是就变成了两块巨石，并肩搭手相扶立于湖边。此湖因此得名抚仙湖。抚仙湖自古以来就是胜地佳境，引无数风流雅士竞相游览。明代著名学者杨慎（字升庵）游抚仙湖后赋诗赞道："澂江色似

图1-1-1　抚仙湖景区

图1-1-2　抚仙湖孤山景区

图1-1-3　抚仙湖禄冲景区

碧醍醐，万顷烟波际绿芜。祇少楼台相掩映，天然图画胜西湖。”图1–1–1、图1–1–2、图1–1–3、图1–1–4、图1–1–5、图1–1–6分别为抚仙湖景区、抚仙湖孤山景区、抚仙湖禄冲景区、杨慎（像）、杨升庵祠、杨升庵祠内景。

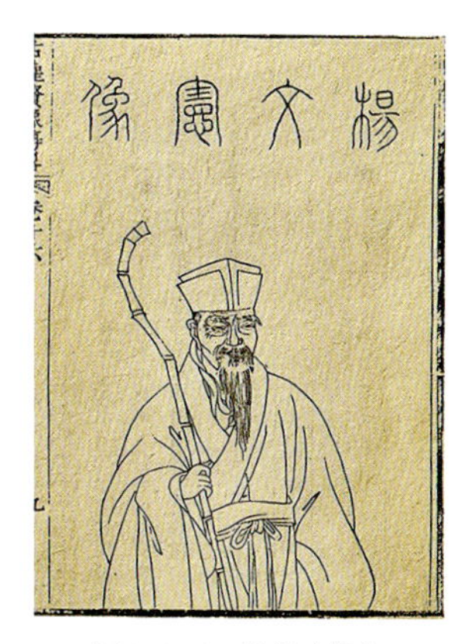

图1–1–4　杨慎（像）

抚仙湖是我国第二深淡水湖泊，形如葫芦，水面北宽而深，南窄而浅，中部细长如颈。南北长31.5千米，东西宽11.5千米，最窄处宽4千米。湖岸线长100.8千米，湖面面积216.6平方千米。抚仙湖有深、清、奇三大特点。湖水最深处158.9米，平均水深95.2米；湖水总体为I类水质，

图1–1–5　杨升庵祠

图1–1–6　杨升庵祠内景

深可见底，碧波荡漾，琉璃万顷；奇在界鱼石有“两水相交，鱼不往来”的奇观。湖蓄水量为206.2亿立方米，占全国淡水湖泊蓄水总量的近十分之一，占全省九大高原湖泊的68.3%，是滇池的12倍，洱海的6倍。

二、哀牢山

哀牢山是云岭南延支脉在第四纪喜马拉雅造山运动期间，由于地面抬升，河流下切，高差增大形成的深度切割地貌。哀牢山有国家自然保护区，面积达43.6万亩，平均海拔在2000米以上，最高处为3137米。哀牢山动植物种类多，高等植物有187科、541属、971种。鸟、兽多达460种。主峰大雪锅山云雾缭绕，宛如“飞云”造型，有遨游碧空之状，巍峨壮观，其地形错综复杂，地质古老，使之保持了神秘的原貌。图1-1-7、图1-1-8均为哀牢山景区。

图1-1-7　哀牢山景区

图1-1-8　哀牢山景区

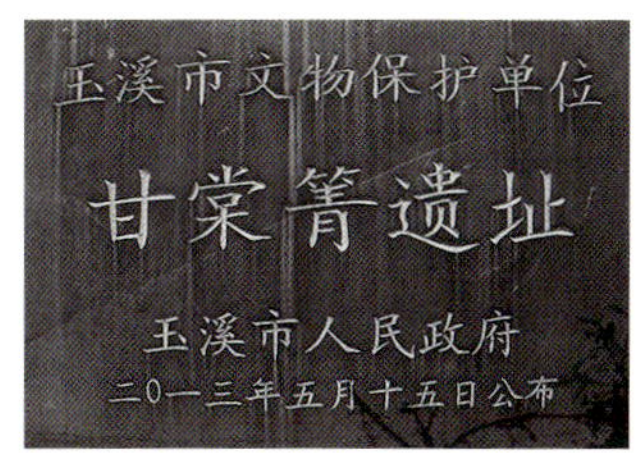

图1-2-1　甘棠箐碑

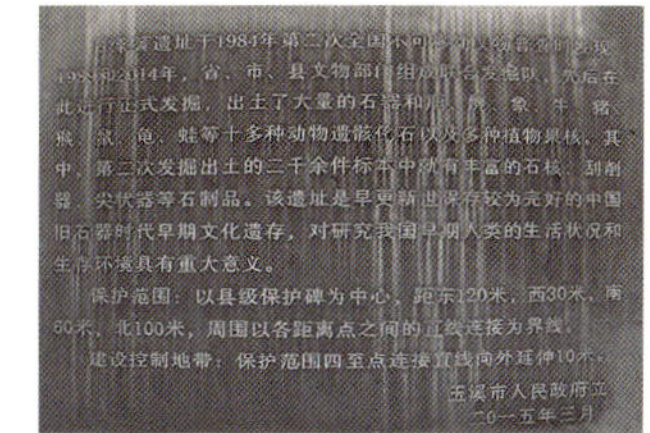

图1-2-2　甘棠箐碑文

第二节　玉溪历史

玉溪具有厚重的历史。根据江川甘棠箐旧石器遗址出土的文物推断，玉溪属于史前人类居住的地方之一。图1-2-1、图1-2-2、图1-2-3分别为甘棠箐碑、甘棠箐碑文、甘棠箐遗址。

1-2-3　甘棠箐遗址

图1-2-4　庄蹻入滇图

一、三皇五帝时代的玉溪

古代中国分为九州，即雍州、豫州、梁州、冀州、青州、徐州、兖州、扬州、荆州。玉溪属于梁州。夏、商两代沿之，直到周成王时，才属雍州。商周时期，玉溪属古代百濮的领地之一。

二、战国时期的玉溪

楚国派大将庄蹻入滇，从长江上溯进入乌江，再转入今贵州占领夜郎国。后沿南盘江（当时称作牂牁江）进入云贵高原腹地，计划将云南大部纳入楚国统辖的版图。庄蹻派人回国向楚王报告，当时中原各诸侯国战事变化万千，秦国势力日渐强大，抢占了楚国的黔中郡，断了庄蹻回楚之路。此时的庄蹻于是只能留在云南，入乡随俗，建国称王，史称古滇国。玉溪属于古滇国，澄江、江川

图1-2-5　古滇国建筑模型

图1-2-6　古滇国渡口模型

区、红塔区、易门属于古滇国统治的核心地区。图1-2-4、图1-2-5、图1-2-6分别为庄蹻入滇图、古滇国建筑模型、古滇国渡口模型。

三、两汉时期的玉溪

《史记》记载，汉武帝派兵入滇降滇王，设益州郡，实现中央政府对云南的郡县制管辖。玉溪的易门、澄江、江川区、红塔区当时属于益州郡；通海、华宁、峨山属于牂牁郡；新平、元江两县在郡县管辖之外。

四、魏晋南北朝时期的玉溪

东汉末年，因战乱与分裂割据使汉朝中央统治衰落，无暇也无力控制南中地区，南中一些大姓豪强势力日益强大，并逐渐掌握了统治南中地区的实际权力。“南中”指

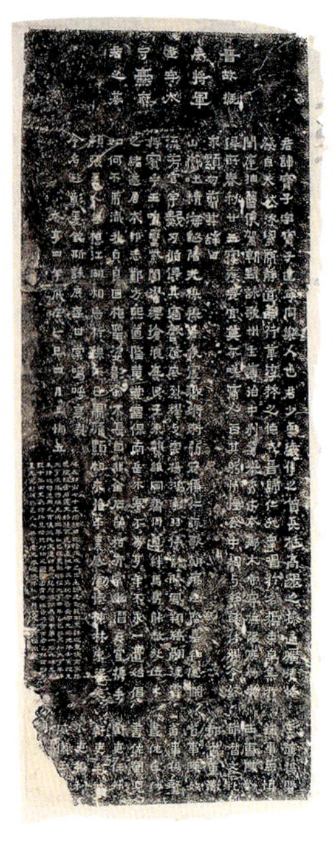

图1-2-8　爨宝子碑拓片

云南、黔西、川西南等地区。三国时期南中属蜀国统辖。魏晋时期，魏灭蜀、吴，三国归晋，晋统一全国，设19个州，宁州（今曲靖地区）为十九州之一。公元419年，刘裕灭东晋，中国历史进入南北朝时期，此时，南中地区由一股强大的部族势力——爨氏部族统治，玉溪地区属其统治范围之一。根据爨宝子碑记载，爨宝子19岁就任建宁太守，同时世袭振威将军职，23岁时去世，而爨宝子碑使他永垂青史。图1-2-7、图1-2-8分别为爨宝子碑局部拓片、爨宝子碑拓片。

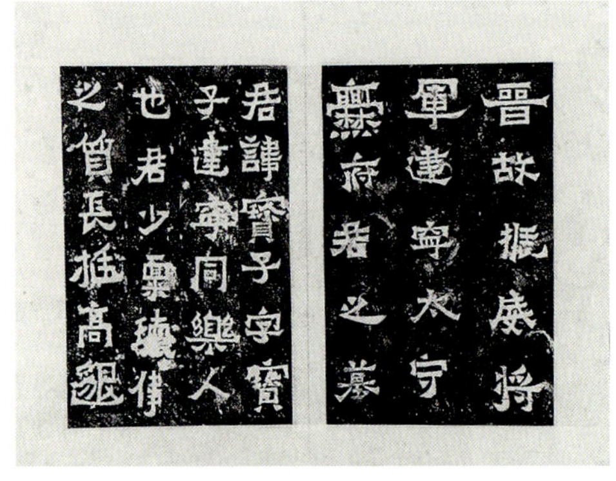

图1-2-7　爨宝子碑局部拓片

五、隋唐时期的玉溪

公元581年，杨坚取代北周，建立隋朝，统一中国，结束了东晋至南北朝长达两百多年的分裂割据局面。公元618年，李渊建立唐朝，支持南诏（蒙舍诏，今巍山东南）兼并六诏，册封南诏王皮罗阁为“云南王”。在唐王朝的统治下，南诏占领爨氏地盘，南中地区统一归唐朝统治，玉溪属南诏所辖。被称为“通海城路”的交通线，南起安南，经河口，过通海、安宁，达四川宜宾，西线经通海至大理，通海便是该交通干线上的中转站。南诏时期，玉溪设有“通海都督”，辖滇南地区；澄江、江川区等地设河阳郡；红塔区设温富州，州隶属于郡。图1-2-9、图1-2-10分别为文庙（通海）、通海秀山“秀甲南滇”匾额。

图1-2-9　文庙（通海）

图1-2-10　通海秀山“秀甲南滇”匾额

图1-2-11　段思平（像）

六、宋元时期的玉溪

公元902年，郑买嗣灭南诏，建立大长和国。928年，杨干贞灭大长和国，拥立赵善政为骠信，建立大天兴国。929年，杨干贞废赵善政自立为王，建立大义宁国。段思平任大义宁国通海节度使，段思平在通海势力发展壮大，率三十七部乌蛮（玉溪境内在红塔区有休纳部；峨山有嶍峨部；江川区有步雄部；澂江有强宗部；通海有休腊部；元江有因远部）推翻大义宁国，建立大理国。大理国从段思平建国到段兴智亡国，共传位二十二代，历经三百五十多年。后元世祖忽必烈统兵，用革囊渡过金沙江，入丽江东部，南下攻大理城，大理国灭亡。元设立云南诸路行中书省，《滇志》记载，全省共设三十七路，玉溪境内有临安路、元江路、澂江路，通海曲陀关设"宣慰司都元帅府"，管辖滇南地区。1274年，赛典赤·赡思丁在云南设云南行省，从此，

图1-2-12　宣慰司都元帅府

云南的政治、经济、文化中心从大理转移到昆明。图1-2-11、图1-2-12、图1-2-13分别为段思平（像）、宣慰司都元帅府、宣慰司都元帅府戏台。

图1-2-13　宣慰司都元帅府戏台

七、明清时期的玉溪

1368年，朱元璋在南京建立明朝。元朝残余势力仍以蒙古梁王把匝剌瓦尔密为首，控制昆明、曲靖、玉溪等地区。1381年，朱元璋调集30万军队，以傅友德为征南将军，蓝玉、沐英为左、右将军，征讨云南，取得胜利后，留沐英统兵10万镇守云南。沐英先后实行军屯、民屯、商屯，从江南、湖广等地大量移民至云南，玉溪七县两区均有移民，仅通海境内，军屯的土地就有25处，分为48屯。大量移民进入玉溪，在带来劳动力、先进生产技术的同时，也把江南的民俗、文化、先进的陶瓷烧制技术带到了玉溪，使玉溪窑青花瓷烧制在原有的基础上达到了历史的兴盛时期。图1-2-14、图1-2-15、图1-2-16分别为新兴州境图、《新兴州志》记载沐英镇守云南、沐英（像）。

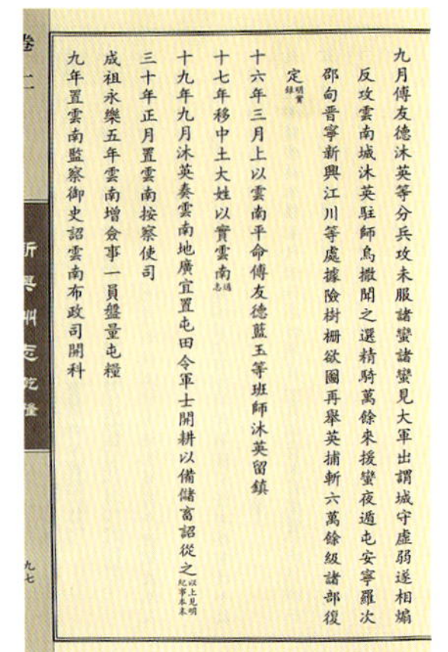

九月傅友德沐英等分兵攻未服諸蠻諸蠻見大軍出謂城守虛弱遂相煽反攻雲南城沐英駐師烏撒聞之選精騎萬餘來援蠻夜遁屯安寧羅次邵甸晉寧新興江川等處據險樹柵欲圖再舉英捕斬六萬餘級諸部復定明實錄

十六年三月上以雲南平命傅友德藍玉等班師沐英留鎮

十七年移中土大姓以實雲南通志

十九年九月沐英奏雲南地廣宜置屯田令軍士開耕以備儲畜詔從之以上見明紀事本末

三十年正月置雲南按察使司

成祖永樂五年雲南增僉事一員盤量屯糧

九年置雲南監察御史詔雲南布政司開科

九七

图1-2-15　《新兴州志》记载沐英镇守云南

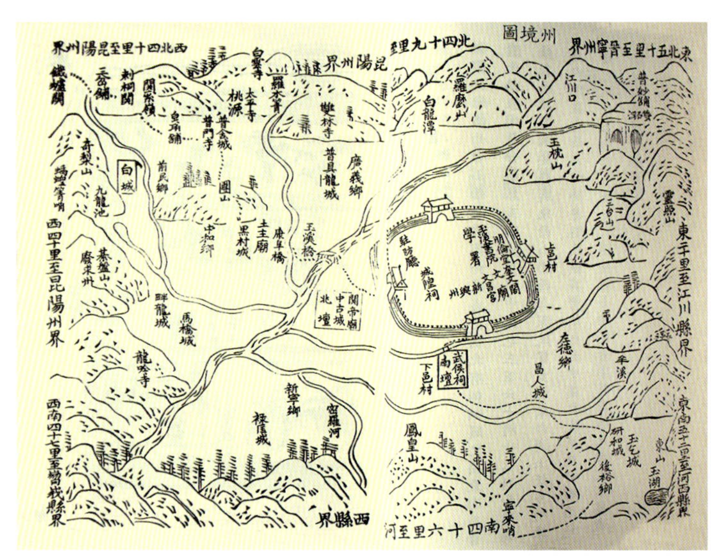

图1-2-14　新兴州境图

图1-2-16　沐英（像）

1644年，李自成率领农民起义军攻进北京，崇祯皇帝上吊自杀，明朝灭亡。吴三桂引清军入关，1659年，吴三桂率清军进入云南，以残酷的方式控制云南，霸占沐氏家族70多万亩田地，屠杀沐氏家族男女老少。为反抗吴三桂在云南的残暴统治，宁州（今华宁）土司禄昌贤联合新兴、嶍峨、蒙自、石屏、路南等地土司抗清，后被镇压。1911年10月10日，武昌起义爆发，推翻清政府的统治，湖北军政府成立，建号“中华民国”。各省纷纷响应，清朝土崩瓦解。民国元年即1912年2月12日，宣统皇帝退位，清朝正式灭亡。

第三节　玉溪文化

玉溪文化璀璨夺目，是一曲气势磅礴的乐章，是一席内涵丰饶的精神盛宴。玉溪文化源于史前文化，两千多年前的古滇文化以及元、明、清三代数十万汉族移民文化。

一、古滇国青铜文化

两千多年前，战国时期，楚国大将庄蹻入滇，建国称王，在滇池及玉溪抚仙湖、星云湖、杞麓湖地区建古滇国。1972年在江川李家山出土了青铜器牛虎铜案等随葬品

图1-3-1　云南李家山青铜器博物馆（江川）

图1-3-2　青铜贮贝器

和锄、斧、凿、建筑模型、贮贝器、扣饰、剑、戈、矛、祭器、乐器等许多生产用具、生活用品、战争武器等。无论是造型、纹饰，还是所表现的地方民族特色，都工艺精湛，题材广泛，内容丰富，艺术价值高，有的表面经过镀锡、错金、鎏金工艺，镶嵌玉石纹案，有着对称和端正的外形，花纹精致繁缛，是滇人创造了璀璨夺目的古滇国青铜文化的见证。尤其是晋宁石寨山出土的“滇王之印”，印证了《史记》有关“汉武帝赐滇王王印”的史实，也证明了云南历史上第一个地方政权古滇国的存在。图1-3-1、图1-3-2分别为云南李家山青铜器博物馆（江川）、青铜贮贝器。

二、玉溪陶瓷文化

玉溪虽地处祖国西南边疆，但据考古发现，早在新石器时代，玉溪先民们就能制作精美的陶器。大量陶器体现了生活之实用和独特的原始艺术价值，种类丰富，注重实用性和审美性的结合，到南诏国、大理国时期，出现了用于火葬的器具精美的陶罐，其独特的造型既有地方民族艺术的元素，又有当时宗教的痕迹。

玉溪陶瓷生产分布在今红塔区、华宁县、易门县，并形成一市三县（区）三个窑口的独特现象。玉溪青花、华宁釉陶、易门李忠窑都是明、清时期产量较大、远近闻名的地方窑口。图1-3-3、图1-3-4、图1-3-5、图1-3-6、图1-3-7、图1-3-8、图1-3-9、图1-3-10分别为云南省古窑址分布图、玉溪市县区分布图、鸟形陶器、土陶罐、堆贴纹饰陶罐、堆贴工艺陶罐、梵文低温陶罐、低温绿釉陶罐。

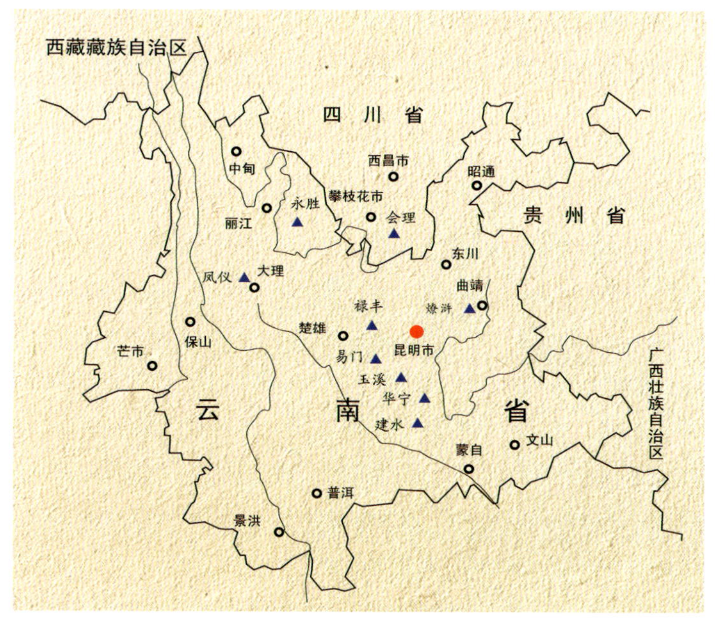

图1-3-3　云南省古窑址分布图

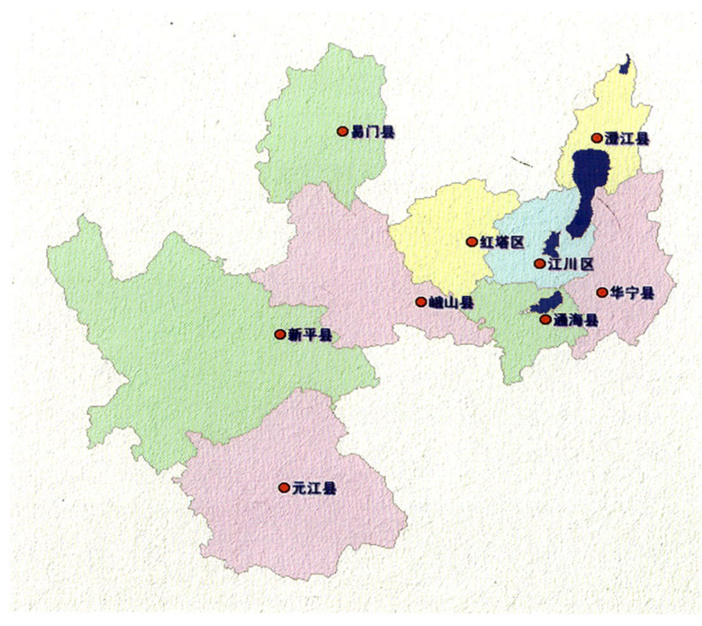

图1-3-4　玉溪市县区分布图

图1-3-5　鸟形陶器

图1-3-6　土陶罐

图1-3-7　堆贴纹饰陶罐

图1-3-8　堆贴工艺陶罐

图1-3-9　梵文低温陶罐

图1-3-10　低温绿釉陶罐

1.“玉溪窑”

自云南大学学者葛季芳在她的论文《云南玉溪发现古瓷窑址》（《考古》1962年第2期）中第一次提出“玉溪窑”后，该词就一直沿用至今。随着考古调查、发掘和其他研究工作的开展，“玉溪窑”更多的遗址被发现，更多的陶瓷文化被收集整理，更多的专家、学者探究其历史文化和艺术。日益丰富的实物资料证明了从元末明初起，玉溪红塔区瓦窑村的先民们就采用当地的高岭土和当地的钴矿料，烧制出了精美的玉溪青花瓷器。其造型丰富、品类较多。胎土虽不白如玉，却有自然的质朴；质地虽不薄如纸，却有厚重的感觉；釉色虽不明如镜，却有清雅的韵味；敲击虽不声如磬，却有绕梁之余音。玉溪与江西景

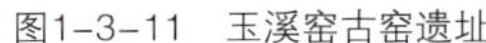
图1-3-11　玉溪窑古窑遗址

图1–3–12　依钱瓜山而建的玉溪古窑遗址

德镇、浙江江山并称为中国青花瓷器的三大产地。玉溪青花是中国三大青花瓷器生产基地之一，其产量仅次于景德镇。图1–3–11、图1–3–12、图1–3–13、图1–3–14、图1–3–15、图1–3–16、图1–3–17分别为玉溪窑古窑遗址、依

图1–3–13　玉溪古窑遗址1988年被列为省级重点文物保护单位的文物保护碑

图1–3–14　玉溪古窑遗址2013年被列为国家级重点文物保护单位的文物保护碑

钱瓜山而建的玉溪古窑遗址、玉溪古窑遗址1988年被列为省级重点文物保护单位的文物保护碑、玉溪古窑遗址2013年被列为国家级重点保护单位的文物保护碑、古窑遗址保护碑文、古式龙窑正面图（红塔区）、古式龙窑侧面图（红塔区）。

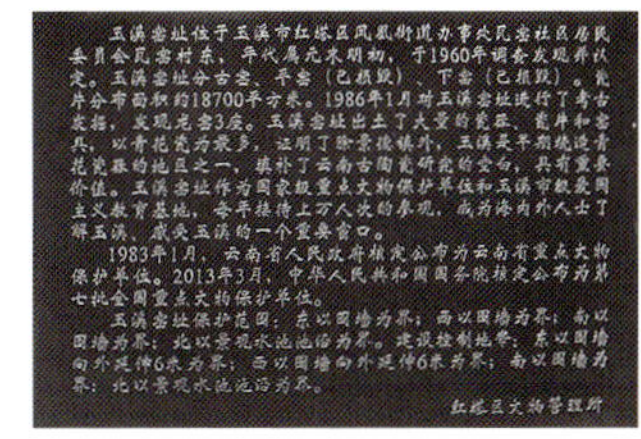

玉溪窑址位于玉溪市红塔区凤凰街道办事处瓦窑社区居民委员会瓦窑村东，年代属元末明初，于1960年调查发现并认定。玉溪窑址分古窑、平窑（已损毁）、下窑（已损毁），瓷片分布面积约18700平方米。1986年1月对玉溪窑址进行了考古发掘，发现龙窑3座。玉溪窑址出土了大量的瓷器、瓷片和窑具，以青花瓷为最多，证明了除景德镇外，玉溪是早期烧造青花瓷器的地区之一，填补了云南古陶瓷研究的空白，具有重要价值。玉溪窑址作为国家级重点文物保护单位和玉溪市级爱国主义教育基地，每年接待上万人次的参观，成为海内外人士了解玉溪、感受玉溪的一个重要窗口。

1983年1月，云南省人民政府核定公布为云南省重点文物保护单位。2013年3月，中华人民共和国国务院核定公布为第七批全国重点文物保护单位。

玉溪窑址保护范围：东以围墙为界；西以围墙为界；南以围墙为界；北以景观水池池沿为界。建设控制地带：东以围墙向外延伸6米为界；西以围墙向外延伸6米为界；南以围墙为界；北以景观水池池沿为界。

红塔区文物管理所

图1-3-15　古窑遗址保护碑文

图1-3-16　古式龙窑正面图（红塔区）

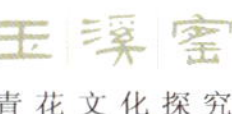

图1-3-17　古式龙窑侧面图（红塔区）

2.“华宁陶”

华宁县城有一个碗窑村，村里有一座慈云寺，寺里墙上嵌着一块碑，碑名为《重建慈云寺功德碑》，碑文记载了碗窑村的由来，村民几乎都是窑工，以车、汪、张、高、新、彭、杨等姓为主，从洪武初开始陆续定居于此，世代以烧窑为生。除碑文记载以外，清末著名学者袁嘉谷先生的《移山簃随笔》，民国《新纂云南通志》等均有华宁烧制陶瓷的历史记载。民间还有“新兴姑娘河西布，通海酱油禄丰醋，华宁陶器烧得绿”的民谚，对华宁陶、禄丰醋这样的地方名产称颂一时。综合文献、碑刻可见，由明初洪武年间起，景德镇窑工车鹏等人就陆续来到华宁碗窑村落户，以烧制釉陶为生。华宁陶以绿釉、白釉、紫

图1-3-18 “陶冶千秋”匾额（华宁窑街）

釉、酱釉、绿白釉为主，主要有碗、盘、碟、香炉、酒罐等生活用陶和瓦兽、琉璃瓦、柱础等建筑材料，其产品借滇越铁路远销省内外，影响广泛。图1-3-18、图1-3-19、图1-3-20、图1-3-21、图1-3-22、图1-3-23分别为“陶冶千秋”匾额（华宁窑街）、碗窑村窑址（华宁县）2013年

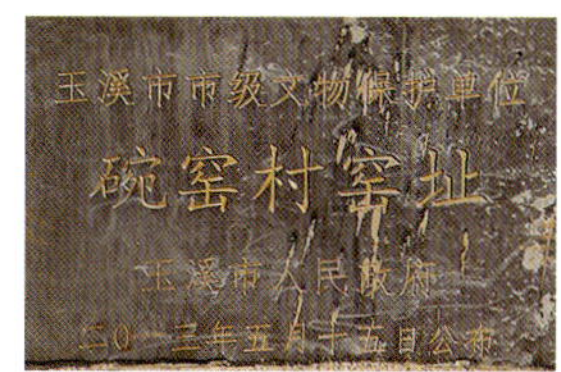

图1-3-19　碗窑村窑址（华宁县）2013年被列为玉溪市重点文物保护单位的文物保护碑

图1-3-20　慈云寺

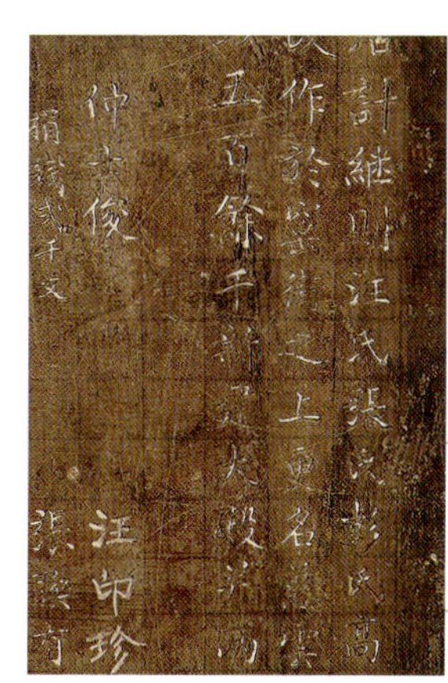

图1-3-21　重建慈云寺功德碑

图1-3-22　匣钵

图1-3-23　古式龙窑（华宁县）

被列为玉溪市重点文物保护单位的文物保护碑、慈云寺、重建慈云寺功德碑、匣钵、古式龙窑（华宁县）。

3.“李忠窑”

易门县浦贝周围一直传承和保留着浓厚的陶瓷文化。相传江西景德镇人李忠，多年从事陶瓷烧制工作，后随李自成起义，兵败后流落云南易门浦贝，发现此地高岭土资源较为丰富，其陶瓷烧制的条件较好，从此便留在易门浦贝从事陶瓷生产的营生，其产品继承了玉溪古窑和上浦贝窑明代烧制青花的风格。随着时间的推移，也烧一些简单的古钱纹、小鸟纹等新式绘画图案，显得稚嫩、图案化，逐渐脱离了明代玉溪窑类型的青花风格，但仍保存青花烧制的元素。清代，窑工们在杉老树山坡上建盖财神庙，每年旧历三月十五举办财神会，六月十三举办金火会。窑工们对这两个节日格外重视，每逢节日到来都要杀猪宰羊，以之向财神和金火娘娘祈祷，祈求陶瓷生产生意兴隆，保佑窑窑都能烧制成功，其风俗被称为“赶庙会”，至今仍在延续。由于陶瓷文化代代传承，加之易门优质高岭土储

图1-3-24　李忠窑碑文（易门县）

图1-3-25　李忠窑址

量较大，使今天的易门成为云南第一个陶瓷工业园区和“中国西南建筑陶瓷生产基地”。图1-3-24、图1-3-25分别为李忠窑碑文（易门县）、李忠窑址。

第二章　玉溪窑青花文化传承

第一节　认识玉溪青花

一、玉溪陶瓷历史

1. 陶瓷是陶与瓷的总称

玉溪在元末明初出现青花瓷的烧制技艺，标志着玉溪窑从陶的时代进入了陶瓷并存的时代，也体现了玉溪生产力发展的新阶段。陶与瓷的区别在于胎土不同，烧制温度不同，透光度不同，烧结度不同等。青花瓷的成功烧制，反映了人们对瓷土配方、烧制技术、燃烧材料以及龙窑的烧制原理的掌握，还反映了文人的书画艺术与陶瓷技术工艺的结合，是一种审美观的提升，也是当时人们追求美好生活的产物，更是科学技术、人文艺术与生产力的融合。

2. 玉溪陶瓷发展简史

早在新石器时代，玉溪就有了人类使用陶器的痕迹。玉溪因得天独厚的地理环境和自然条件成为滇中富饶之地，经济文化相对发达，古往今来出现了许多艺术家、军事家、政治家、音乐家，传统手工艺人才辈出。在各种手工艺中，陶瓷艺术技能人才尤其独树一帜，并且历史悠久。早在五千年前，玉溪抚仙湖、星云湖、杞麓湖周围已经有了比较精细的陶器制作，且种类较多，如鸡形壶、多流壶、鸟形杯等。据考古发现，其陶器既实用又重装饰，体现了高超独特的技艺。

在距今约1万年至4000年前的新石器时期，玉溪早期人类分布广，人口多，创造了独具特色的高原“贝丘遗址文化”。玉溪“三湖”周围分布着杨广、海东、路居光坟头等十几个新石器时代的遗址，遗址中出土了大量的陶器和石器，形成了早期滇文化的发祥之地。玉溪的陶瓷文化与内地仰韶文化、半坡文化同步反映了早期人类的活动足迹。

从云南滇国兴盛时期到唐宋，玉溪陶瓷生产有了较大规模的发展，从出土文物来看，以陶器的生产为主，虽然种类较多，如无元釉的灰陶、黑陶，有釉的青釉陶、绿釉陶、酱釉陶，但都是低温陶，还达不到瓷的标准。大量土陶、釉陶的生产技术水平远远低于宋代中原五大名窑的水平。图2–1–1、图2–1–2、图2–1–3分别为澄江化石（三叶虫）、澄江化石、恐龙化石。

图2–1–1　澄江化石（三叶虫）

图2-1-2　澄江化石

图2-1-3　恐龙化石

二、玉溪青花瓷器问世

600多年前的元末明初时期，玉溪人民勤劳勇敢，敢为天下先，胸襟广阔，融汉文化于滇中，在长期制陶的基础上，取红塔山之土，用抚仙湖之水，燃哀牢山之薪，集玉溪人之智慧，生产出了玉溪青花瓷器。玉溪青花与江西景德镇、浙江江山并称为中国青花瓷器的三大产地。玉溪是除景德镇以外生产青花瓷器的重要窑场，玉溪青花烧制历史悠久，文化厚重，意义重大，它代表了云南在历史上烧制陶瓷技艺的杰出水平，其明代玉溪青花玉壶春瓶被收藏于故宫博物院，是云南陶瓷烧制技艺的代表作品。玉溪古窑遗址是云南省唯一被列为“国家级重点文物保护单位”的古陶瓷遗址地。因玉溪窑对景德镇青花以及东南亚各国陶瓷烧制历史有重要影响和有学术价值，《中国陶瓷史》《中国通史》《新中国陶瓷考古的重要收获》《新中国的考古发现与研究》《中国古瓷汇考》《文物》《考古》等主要学术文献均有对玉溪窑的著录。

三、玉溪青花的传承历史

1. 玉溪青花文化的产生

元末明初，玉溪青花问世。在明代，玉溪青花进入了鼎盛的发展时期，品种较多，主要有青花与青釉碗、盘、罐、杯、壶、香炉、瓶、盆等类型，其中折腰碗、折沿盘、葵口碗、双耳瓶、荸荠瓶、长颈胆瓶、花觚等具有显著特色。青花玉壶春瓶是元、明青花的标准器型，造型美观大方。玉溪青花的装饰手法主要有青花绘画、青釉印花、青釉划花、贴花、剔刻青花、堆塑等。纹饰主要是人们喜闻乐见的植物、动物、人物、文字、辅助纹饰，体现当时人们追求吉祥富贵的审美风尚。还有少数装饰是反映当时道教、佛教的宗教纹饰。植物题材主要有牡丹、菊花、宝相花、西番莲、秋葵、松、竹、梅、蕉叶、荷花、兰花、水草等。动物题材主要有鱼、狮子、凤凰、神马、大雁等。人物题材主要有琴棋书画、仕女图、高士图。文学装饰有吉祥语和其他花押记号，还有龟背锦、月华锦、云纹、回纹、卷草纹、水波纹等辅助纹饰。从以下玉溪窑人物、动物、植物纹饰的青花大罐，青花玉壶春瓶、青花小花瓷器等青花瓷器中，我们可看出其烧制技艺之高超，绘画艺术之精美，制作水平之杰出，具有重大的历史意义和现实意义。图2–1–4、图2–1–5、图2–1–6、图2–1–7、图2–1–8、图2–1–9、图2–1–10、图2–1–11、图2–1–12、图2–1–13、图2–1–14、图2–1–15、图2–1–16、图2–1–17、图2–1–18、图2–1–19、图2–1–20、图2–1–21、图2–1–22、图2–1–23、图2–1–24、图2–1–25、图2–1–26、图2–1–27、图2–1–28、图2–1–29、图2–1–30、图2–1–31、图2–1–32、图2–1–33、图2–1–34、图2–1–35、图2–1–36、图2–1–37、图2–1–38、图2–1–39、图2–1–40、图2–1–41、图2–1–42、图2–1–43、图2–1–44、图2–1–45、图2–1–46、图2–1–47、图2–1–47、图2–1–49、图2–1–50、图2–1–51、图2–1–52、图2–1–53分别为青花人物罐、青花人物罐、青花人物罐、青花人物罐、青花人物罐、青花狮子罐、青花狮子罐、青花狮子罐、青花狮子罐、青花狮子罐、青花凤凰罐、青花凤凰罐、青花凤凰罐、青花鱼罐、青花锦鸡罐、青花鱼罐、青花牡丹纹饰罐、青花植物

图2-1-4　青花人物罐

纹饰罐、青花植物纹饰罐、青花植物纹饰罐、青花植物纹饰罐、青花植物纹饰罐、青花植物纹饰罐、青花人物玉壶春瓶、青花鱼纹玉壶春瓶、青花鱼纹玉壶春瓶、青花鱼纹玉壶春瓶、青花鱼纹玉壶春瓶、青花鱼纹玉壶春瓶、青花鱼纹玉壶春瓶、青花鱼纹玉壶春瓶、青花鱼纹玉壶春瓶、青花植物纹饰玉壶春瓶、青花植物纹饰玉壶春瓶、青花植物纹饰玉壶春瓶、青花植物纹饰玉壶春瓶、青花植物纹饰玉壶春瓶、青花植物纹饰玉壶春瓶、青花植物纹饰玉壶春瓶、青花植物纹饰玉壶春瓶、青花植物纹饰玉壶春瓶、青

图2-1-5　青花人物罐

图2-1-6　青花人物罐

花花觚、青花花器、青花花器、青花花器、青花花器、青花花器、青花花器、青花花器、青花花器。

2. 玉溪青花传承历史

图2-1-7　青花人物罐

图2-1-8　青花人物罐

图2-1-9　青花狮子罐

图2-1-10　青花狮子罐

图2-1-11　青花狮子罐

图2-1-12　青花狮子罐

图2-1-13　青花狮子罐

图2-1-14　青花凤凰罐

图2-1-15　青花凤凰罐

图2-1-16　青花凤凰罐

图2-1-17　青花鱼罐

图2-1-18　青花锦鸡罐

图2-1-19　青花鱼罐

图2-1-20　青花牡丹纹饰罐

图2-1-21　青花植物纹饰罐

图2-1-22　青花植物纹饰罐

图2-1-23　青花植物纹饰罐

图2-1-24　青花植物纹饰罐

图2-1-25　青花植物纹饰罐

图2-1-26　青花植物纹饰罐

图2-1-27　青花人物玉壶春瓶

图2-1-28　青花鱼纹玉壶春瓶

图2-1-29　青花鱼纹玉壶春瓶

图2-1-30　青花鱼纹玉壶春瓶

图2-1-31　青花鱼纹玉壶春瓶

图2-1-32　青花鱼纹玉壶春瓶

图2-1-33　青花鱼纹玉壶春瓶

图2-1-34　青花鱼纹玉壶春瓶

图2-1-35　青花植物纹饰玉壶春瓶

图2-1-36　青花植物纹饰玉壶春瓶

图2-1-37　青花植物纹饰玉壶春瓶

图2-1-38　青花植物纹饰玉壶春瓶

图2-1-39　青花植物纹饰玉壶春瓶

图2-1-40　青花植物纹饰玉壶春瓶

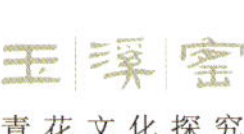

图2-1-41　青花植物纹饰玉壶春瓶

图2-1-42　青花植物纹饰玉壶春瓶

图2-1-43　青花植物纹饰玉壶春瓶

图2-1-44　青花植物纹饰玉壶春瓶

图2-1-45　青花花觚

图2-1-46　青花花器

图2-1-47　青花花器

图2-1-48　青花花器

图2-1-49　青花花器

图2-1-50　青花花器

图2-1-51　青花花器

图2-1-52　青花花器

图2-1-53　青花花器

玉溪青花问世后，主要以家庭传承和师徒传承为主，其采土、制泥、拉坯、绘画、烧窑等技艺世代相传。玉溪瓦窑村，位于玉溪市红塔区红塔山脚下，主要窑工以腾、罗、李、刘、高、曹、陈等姓为主。由于明代生产规模大，发现窑口年代较早，因此玉溪窑声名远扬，一直是云南青花的典型代表，许多学者亦将云南青花统称为“玉溪窑”“玉溪青花”或“玉溪窑”等。

明末清初，玉溪青花在绘画上没有增加更多新的图案和纹饰，大多延续元末明初的画法，画工更加随意、简单。清中期后，由于由内地从水路、陆路通往云南的交通较为便捷，景德镇青花以价廉物美的优势销往云南，使得玉溪青花逐步走向衰落，仅以生活用具为主，失去了明中期那种兴盛的景象。晚清至民国期间，玉溪青花虽然承续了明代奔放、朴拙的风格，但因玉溪与内地的贸易兴盛，销售与传承均受到严重阻碍，由于市场销售不畅的原因，逐步失去了元明时期的典型特征，其规模不断缩小，技艺水平难以提高，形成了有青花痕迹，但无大量青花产品，以烧酒罐、菜坛子等日用器物为主的方式流传。传承模式也逐步转变为以师徒模式为主，不限男女、不限姓氏、应学即传的形式。

中华人民共和国成立后，玉溪青花文化传承和保护得到了各级政府的高度重视。1986年1月至3月，云南省博物馆联合玉溪地区文物管理所对红塔区古窑遗址进行了科学发掘。发掘出三条龙窑，出土了大量的青花瓷片。

1988年，玉溪古窑遗址保护和管理单位设立，在古窑址周围修建了保护围墙，加盖保护房，玉溪古窑遗址被列为云南省重点文物保护单位。

2013年6月，“玉溪古窑遗址”被列为国家级重点文物保护单位，是云南省唯一的国家级古陶瓷遗址地。

2013年9月，玉溪技师学院成立玉溪窑发展研究中心，致力于研究、恢复和传承玉溪窑青花烧制技艺。

2013年10月，“玉溪窑发展研究中心复烧元明时期玉溪窑青花代表作品展览暨鉴赏会”在玉溪市博物馆召开，展出新复烧青花作品62件。与会的古陶专家有：故宫博物院研究员杨静荣、首都博物馆研究员王春城、云南省博物馆研究员马文斗、玉溪市博物馆研究员陈泰敏等。各位专家对玉溪窑发展研究中心通过复烧形式传承玉溪青花的成果给予了充分的肯定。

2013年11月，“玉溪青花瓷烧制技艺”被云南省人民政府列入第三批云南省非物质文化遗产名录。玉溪技师学院作为“玉溪青花瓷烧制技艺”的传承保护单位，充分发挥职业院校在传统手工技艺传承、技术技能人才培养方面的优势，让师徒传承模式在职业教育中发挥更广、更大的作用。玉溪技师学院坚持德技双优的育人目标，坚持非物质文化遗产项目传承保护与创新发展并重的原则，开展多种多样的校园传承活动，让更多的学生能成长为非物质文化遗产项目的传承人，让更多的非物质文化遗产项目传承保护走进学生家，实现了玉溪青花瓷烧制技艺的活态化校园传承。

第二节　玉溪青花文化校园传承研究

一、玉溪青花文化校园传承研究的由来

1. 非物质文化遗产保护的困境

开展非物质文化遗产校园传承研究是加快非物质文化遗产保护的客观需要。非物质文化遗产是世界文化遗产的重要组织部分，是人类文明的重要表现形式。各国人民在长期的历史发展中，创造和积累了丰富多样的具有区域特色、民族特色，反映了人类在不同历史时期的社会发展、人民生产生活状况的非物质文化成果。随着现代化进程的推进和全球化的快速发展，对世界文化的多元性构成了前所未有的冲击。一方面，以美国为代表的西方文化在全球迅速渗透，对其他国家的文化产生了较大的冲击，世界文化的多样性面临新的挑战，非物质文化遗产在这样的大背景下，面临着生存的危机；另一方面，随着我国现代化、城市化的快速发展，各少数民族在长期的社会发展中所创造的灿烂多样的非物质文化遗产亦受到了前所未有的冲击。

当前，非物质文化遗产普遍面临着生存空间狭小、宣传推广薄弱、有效保护缺失、传承人日渐减少、传承与创新不够等突出问题。非物质文化遗产保护问题引起社会各界的广泛关注。政府对非物质文化遗产的重视前所未有，2012年4月，文化部出台了《关于加强非物质文化遗产生产性保护的指导意见》（文非遗发〔2012〕4号），把非物质文化遗产保护上升到国家行为，一定程度上反映出非物质文化遗产整体生存状况令人担忧，对其进行保护的问题

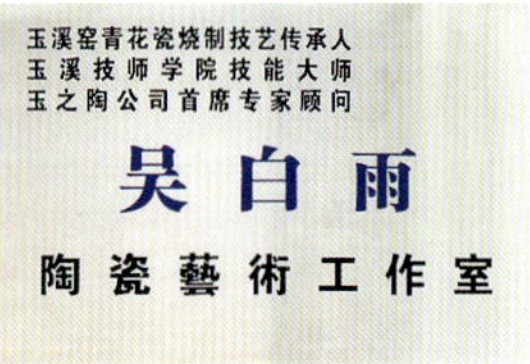

图2-2-3　聘请大师指导

迫在眉睫。图2-2-1、图2-2-2、图2-2-3、图2-2-4、图2-2-5、图2-2-6、图2-2-7、图2-2-8是我们对非物质文化遗产——玉溪青花的一系列具体保护行动，分别为入选省级非物质文化遗产项目、引入高校合作、聘请大师指导、成立玉溪窑研究中心、开展课题研究、进行学术交流、编撰传承教材、开展非物质文化遗产传承研究。

图2-2-1　青花瓷器烧制技艺入选省级非物质文化遗产项目

图2-2-2　引入高校合作

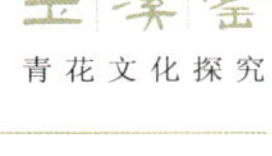

图2-2-4　成立玉溪窑研究中心

图2-2-5　开展课题研究

图2-2-6　进行学术交流

图2-2-7　编撰传承教材

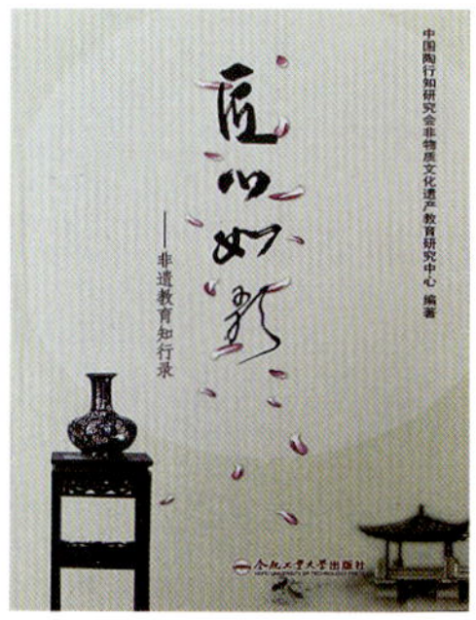

图2-2-8　开展非物质文化遗产传承研究

2. 玉溪青花的特色

玉溪窑青花的生产主要是为满足民间百姓的日常生活使用，所以器物类型主要为碗、盘、碟、杯、盏、盆、壶、炉、瓶、罐等。在造型上古拙敦厚、线条简单、胎质较厚。究其原因，一是当地窑工、消费者的审美观念所限；二是本地胎泥质量不高，薄了容易变形；三是地方经济发展水平不高，消费水平低导致要控制生产的低成本。玉溪青花与景德镇青花相比较，具有色泽灰青不纯白的特色，原因是胎泥中所含瓷土和黏土的比例不一，釉料中杂质较高，烧制时温变控制不稳定等。这种灰色的特点，恰好形成了玉溪青花的主要特色，并给人一种浮华褪尽、古雅沉着、朴实厚重的艺术品位。

玉溪窑青花在造型上具有简洁适用的特色，造型复杂的少，将军罐、玉壶春瓶、长颈罐造型与景德镇元明时期的产品基本一致。在装饰手法上以青花绘画、青釉划花、青釉印花、贴花、剔花、瓷雕为主，这些装饰手法或单独使用，或组合起来使用，从而创造了元明时期玉溪青花多样化的艺术魅力和独有的青花装饰特色。在纹饰题材上以本地的植物、动物、人物、符号为主。既有写实的花草鱼鸟、狮子凤凰、梅枝喜鹊、树木楼阁、仕女高士和宗教器物，又有写意的团花、旋纹、回纹、符号等。这些绘画寓意吉祥美好，格调古雅朴实，组织疏密有致，笔法自然流畅，显示了云南民间百姓对美好生活的体察和对生命理想的追求。

3. 玉溪青花的价值

玉溪青花烧制技艺入选云南省级非物质文化遗产名录。玉溪陶瓷在中国陶瓷发展史上具有重要的意义。玉溪陶瓷工艺历史悠久、文化厚重，早在新石器时代，玉溪就有人类使用陶器的痕迹。玉溪窑有600多年的历史，是明代除景德镇以外生产青花瓷的重要窑场。受多种原因影响，清末以后玉溪陶瓷影响力逐步衰减。玉溪青花瓷器历史悠久，始烧于元末明初，代表着历史上云南陶瓷烧制技艺的杰出水平。玉溪与江西景德镇、浙江江山并称为中国青花瓷器的三大产地。玉溪窑古窑址位于红塔区瓦窑村，是我省唯一属于“国家级重点文物保护单位”的古陶瓷遗址地。由于玉溪窑对景德镇青花以及东南亚诸国陶瓷烧造历史的重要影响与学术价值，《中国陶瓷史》《中国通史》《新中国陶瓷考古的重要收获》《新中国的考古发现与研究》《中国古瓷汇考》《文物》《考古》等重要学术文献均有对玉溪窑的著录。明末清初，玉溪青花在绘画上没有增加新的图案纹饰，大多延续以前的画法，画工更加随意、简单。清中期后，玉溪青花瓷器生产逐步走向衰落。晚清至民国玉溪青花虽然承续了明代奔放、朴拙的风格，但已经过于简练，失去了元明时期的典型特征。中华人民共和国成立后，玉溪青花瓷器烧制技艺主要在红塔区、易门县等地的民间以烧造日用器物的方式流传，其技艺水平和艺术价值大大跌落。

4. 开展玉溪青花烧制技艺校园传承，探索非物质文化遗产传承新路径

开展玉溪青花烧制技艺校园传承研究是保护、传承和弘扬玉溪青花烧制技艺的客观需要。玉溪青花目前的生存现状令人担忧，其传统制作技艺面临消失的危险。在玉溪市委、市政府的关心支持下，玉溪窑发展研究中心在玉溪技师学院成立。玉溪窑发展研究中心积极开展玉溪陶瓷研究，将玉溪青花烧制技艺成功申报为云南省非物质文化遗产，并列入名录。开展玉溪青花烧制技艺校园传承研究，是保护玉溪青花烧制技艺、传承和弘扬玉溪青花的现实需要。

二、玉溪青花文化校园传承研究的目的和意义

本书以中国三大青花之一的玉溪青花烧制技艺为个案，就该项非物质文化遗产在校园的传承进行系统的研究，是弘扬中国陶瓷文化，传承玉溪青花烧制技艺，扩大

玉溪青花社会知名度和影响力的客观需要，更是探索职业院校参与非物质文化遗产传承有效路径的现实需要，对职业教育发挥产学研优势、增强学生的文化综合素养具有重要作用。

1. 理论意义

通过以玉溪青花烧制技艺在校园的传承研究为载体，在传统的代系传承、家族传承、师徒传承、企业传承模式的基础上，对学校传承的优势、条件、方式进行深入的探究，以丰富非物质文化遗产传承的模式，进一步拓展非物质文化遗传承的相关理论。

2. 现实意义

玉溪青花在中国青花史上曾写下了厚重的一笔，在中国青花文化史上具有重要的意义。随着人类文明从农业文明迈向工业文明，玉溪青花这一以农耕文明为土壤的传统文化日益走向了衰落。曾盛产青花瓷器的玉溪几乎难寻青花踪迹；随着传承人的相继离世，玉溪青花烧制技艺也随之沉沦，面对这一现实困境，玉溪青花烧制技艺校园传承研究，直面保护、传承、弘扬玉溪青花重任，把几百年来所积淀的玉溪青花烧制技艺发扬光大。

3. 文化意义

玉溪青花无论从泥料选取、釉料配制、造型设计，还是其装饰手法、纹饰特征，均体现了特定历史时期当地人民的生产生活状况、生产加工制造水平、工艺审美情趣乃至地方风土人情，具有古朴厚重、素雅端庄、自然朴素的地域文化色彩和底蕴。对其进行系统研究，可充分挖掘蕴藏在这一载体下人们的审美情趣，丰富地方文化，绽放文化光芒。

4. 经济意义

随着玉溪市“文化旅游兴市”发展战略的推进，玉溪陶瓷产业作为玉溪市新兴产业的典型代表，发挥了越来越重要的作用。然而，玉溪陶瓷产业在结构上仍然是以工业陶瓷为主导，发展起步晚、基础薄弱。通过玉溪青花烧制技艺校园传承的研究，探索传承人培养、技术技能人才培养、产品创新研发，以加快文化元素与经济要素的融合，为玉溪陶瓷文化创意产业的发展提供技术和研发支持。

5. 社会意义

通过开展玉溪青花烧制技艺的校园传承研究，把传承、保护、宣传玉溪青花烧制技艺与创新玉溪青花陶瓷产品结合起来。既可让当地乃至全国的人民了解玉溪青花

图2-2-9　建立玉溪青花校园传承基地

以扩大玉溪青花的知名度，又能通过研发和生产玉溪青花陶瓷产品，通过有形的物化产品这一载体让更多的当地人认识玉溪青花，增强广大人民群众的文化自信，认可玉溪的文化，发挥积极的社会作用。图2-2-9、图2-2-10、图2-2-11、图2-2-12分别为建立玉溪青花校园传承基地、进行玉溪青花生产性保护、进行玉溪青花生产性保护、进行玉溪青花生产性保护。

图2-2-10　进行玉溪青花生产性保护

图2-2-11　进行玉溪青花生产性保护

图2-2-12　进行玉溪青花生产性保护

三、玉溪青花校园传承的具体做法

玉溪青花烧制技艺名列云南省第三批非物质文化遗产名录，属于传统工艺，保护单位是云南省玉溪技师学院。在玉溪市委、市政府的高度重视和大力关心下，玉溪技师学院于2013年9月成立玉溪窑发展研究中心，配备专门工作人员，负责玉溪陶瓷学术研究、陶瓷文化创意产品研发和人才培养工作。玉溪青花烧制技艺的传承、保护、创新和发展是其十分重要的工作之一。

玉溪青花历史价值厚重、文化魅力独特、地方属性鲜明。其烧制技艺属于传统工艺，符合生产性传承保护的基本特征。鉴于此，在保持传统工艺真实性、传统性、整体性、生态性的基础上，我们构建政府文化行政主管部门、研究机构、学校、传承人、企业共同参与、深度互动的传承、创新、发展模式，将这一技艺保护好，并转化为现实文化产品，扩大其生存空间，对其进行系统性的传承和创新。

非物质文化遗产的校园传承在国内已有一些实践探索的先例，也取得了一些经验。然而，对于非物质文化遗产的生产性保护传承研究则较为薄弱。与以往相关研究相比，玉溪青花校园传承研究具有以下几个方面的优势：一是课题研究单位就是该项非物质文化遗产的保护单位；二是研究单位本身就具有培养玉溪青花烧制技艺的实用型技术技能人才的功能；三是研究单位在玉溪陶瓷研究方面做了大量的工作、积累了一定的经验；四是在项目研究中，我们采用“引企入校”的方式，引进陶瓷企业，通过“校企共建设实训基地、校企共同培养人才”的深度合作模式，实现玉溪青花烧制技术技能人才培养的目标。正是以上四点将玉溪青花校园传承研究与相关研究区别开来，亦成为研究的显著特点。因此，在玉溪青花的校园传承中，我们以生产性传承保护模式为引领，以校企合作为保障，积极开展了以下传承路径的探索。

1. 玉溪青花的恢复性传承研究

（1）玉溪青花釉料配制的恢复研究。青花釉料配制是玉溪青花烧制技艺的核心，青花釉料决定着瓷器装饰的美观度。元明时期是玉溪青花发展的鼎盛时期，为了探清玉溪青花釉料配制的标准，玉溪窑发展研究中心联合云南大学艺术设计学院，共同开展“元明时期玉溪青花釉料配制研究”，该项目获玉溪市科技局科技专项立项，并得到20万元的经费支持。玉溪窑发展研究中心积极承担起这一课题任务，依托陶瓷工艺专业的教师组建研发团队，通过学校教师、大学教授、企业技术人员的深度互动，开展实地调查、古籍查阅、配制试验并试烧。通过课题研究，旨在积极恢复元明时期玉溪青花釉料的配方，形成玉溪青花的配制标准。

（2）玉溪青花器物的恢复性研究。我们通过深入瓦窑村的玉溪窑古窑址实地调查，探寻玉溪青花瓷片残迹，分析鉴定瓷片主要成分、烧成温度等信息，将碎瓷片收集、归类、留存。同时，积极开展玉溪青花器物整件复烧工作，现已成功复烧玉壶春瓶、将军罐等玉溪青花的代表性器物。

（3）玉溪青花装饰的恢复性研究。对玉溪青花装饰，我们主要做了以下两方面的工作。一方面，通过对玉溪青花古瓷器物装饰纹饰各类画法的描摹，对出土的古代玉溪青花瓷片的装饰纹饰的种类、风格进行梳理，总结玉溪青花装饰的特征；另一方面，梳理玉溪青花施釉方法、刻花、剔花的技法，恢复玉溪青花装饰的整体风貌。

2. 玉溪青花的生产性保护

（1）开展玉溪青花的复烧。为恢复元明时期玉溪青花瓷器的整体风貌，除了对玉溪青花釉料配制进行专门试验研究外，玉溪技师学院采用“引企入校”的方式，引进玉溪市玉之陶文化传播有限公司，共同投入现代烧制设备电窑、气窑，同时建设柴窑，按照玉溪青花烧制流程开展恢复性复、试烧。对试烧出的成品，聘请全国陶瓷专家进行鉴定。在电窑复烧成功后，进一步开展柴窑复烧的探索，通过元明玉溪青花烧制工艺流程和工艺标准的完善，进行玉溪青花的生产性保护。

（2）积极申报玉溪青花烧制技艺列入非物质文化遗产名录。申报非物质文化遗产名录是对非物质文化遗产进行保护的有效方式。通过非物质文化遗产申报，可获得官方的认可、政策的支持、资金的投入和社会公众的关注和参与。玉溪技师学院作为玉溪青花烧制技艺的保护单位和传承单位，本着发扬玉溪悠久的陶瓷历史文化、打造玉溪文化名片、服务玉溪文化创意产业发展的原则，积极协调各方，通过不懈努力，将玉溪青花烧制技艺成功申报为云南省非物质文化遗产，并在此基础上更好地进行保护和开发，使玉溪青花从民间关注、玉溪行动上升到政府关注、云南行动，为玉溪青花回归生活进而实现活态化传承，融入现代发展，从而为其扩大生存发展空间奠定坚实的基础。

（3）积极申报玉溪窑青花原产地标志认证。为形成玉溪窑青花的社会影响力、文化引领力、经济贡献率，抢占玉溪青花传承发展制高点、扩大传承发展空间，玉溪窑发展研究中心开展了玉溪窑青花原产地标志保护工作。玉溪市人民政府高度重视，并授权玉溪技师学院具体开展申报工作。经过近两年的努力，目前玉溪窑青花已通过国家商标局的初审，正在进行实质性审查和公示。玉溪青花的传承保护和创新发展面临更大的空间，通过把玉溪青花文化元素与现代产业发展相融合，为玉溪青花回归生活进行活态传承、融入现代经济进而实现产业化发展夯实了基础。

3. 玉溪青花的传承和创新

非物质文化遗产的传承和创新是一项系统工程，是跨界跨部门的合作行动。如玉溪青花烧制技艺的传承保护，需要文化部门的积极支持和学校的积极行动，而玉溪青花的创新发展则需要行业企业的积极参与。我们主要通过以下儿方面的努力来开展玉溪青花的传承和创新。

（1）培养玉溪青花烧制技艺项目传承人。在非物质文化遗产传承中，传承人是最为活跃、最为宝贵的要素，在非物质文化遗产传承中，处于核心位置。近年来，非物质文化遗产的传承保护受到世界各国的广泛关注，国家在非物质文化遗产传承保护中，对各级各类传承人的条件做出了严格规定，并且对传承人的培养和发展给予了很多政策和资金上的支持。玉溪青花烧制技艺在悠久的历史发展中，曾取得了辉煌的发展巅峰，也遭遇了在中原陶瓷产品的冲击下的低谷，并因各种原因陷入停烧和失传的境地。玉溪青花的传承人几近断代，发展举步维艰。结合这一实际，我们通过引进玉溪市红塔区瓦窑村的民间拉坯、修坯、绘制、烧造匠人到玉溪窑发展研究中心，专门进行拉坯、修坯、青花绘制、施釉、烧窑等实践研修，渐次培养并申报省级、国家级非物质文化遗产传承代表人；同时，我们通过到江西景德镇陶瓷学院引进陶瓷专业教师，通过承担陶瓷专业课程教学，开展玉溪青花学术研究、课题研发活动，培养一批集玉溪青花传承研究、青花研发创新、陶瓷工艺技术技能人才培养名教师、工艺美术大师，为玉溪青花传承发展提供人才支撑。

（2）培养玉溪青花烧制技术技能人才。玉溪发展陶瓷产业，具有历史文化优势和资源优势。陶瓷产业是玉溪产业优化升级中的新兴产业。截至2014年9月，全市共有各类陶瓷企业90户，带动解决城乡劳动就业人口6269人，累计完成产值12.4483亿元。然而，这样大的产业，如此多的从业人员，却很少有人接受过专业的教育和培训。

随着玉溪“科技创新城”建设的推进，打造融合地方文化元素和产业经济元素，以工艺陶瓷和工业陶瓷为主体，集产品设计研发、生产加工、营销推广的产业链，是新常态下玉溪经济发展的需要。结合玉溪陶瓷产业快速发展和转型升级的现实需要，我们坚持“立足企业所需、服务企业发展”的原则，坚持校企融合，引入玉溪市玉之陶文化传播有限责任公司，以现代职业教育为引领，通过校企共建玉溪窑发展研究中心，开展陶瓷文化传承创新、产品研发设计、技艺研讨交流；引入企业的生产线，建立实训生产基地，负责新产品试制和承担学生实训教学；引进当地工艺美术大师、非物质文化遗产传承人到校走教传艺和研发创作；通过师徒式传习，推行产教研一体、做学结合，培养企业急需的人才。因这一专业立足当地经济发展所需和企业用人所需，接地气、就业空间广、发展前景好而广受欢迎。从2013年起，每年成建制招生50名学生，培养陶瓷企业适用型人才。图2-2-13、图2-2-14、图2-2-15、图2-2-16均为传承与创新相结合——玉溪青花产品研制。

图2-2-13　传承与创新相结合——玉溪青花产品研制

图2-2-14　传承与创新相结合——玉溪青花产品研制

图2-2-15　传承与创新相结合——玉溪青花产品研制

图2-2-16　传承与创新相结合——玉溪青花产品研制

第三章　玉溪青花传承保护与对策

第一节　实现产学研一体的传承保护

玉溪青花的传承保护是社会各界跨界的合作和共同的行动。玉溪青花烧制技艺目前已成功申报云南省非物质文化遗产名录，保护单位是玉溪技师学院。鉴于此，玉溪青花传承保护，要充分发挥职业院校在传承人才培养、实用技术技能人才培养、产品研发等方面的优势，通过“校、政、企”深度互动，传承、保护、创新相融合，“产、学、研”一体化的尝试，对玉溪青花的传承保护和创新发展进行积极的探索和实践。这亦是我们通过课题研究，针对玉溪青花传承保护对策的基本结论。

一、坚持生产性保护与活态化传承相结合的原则

玉溪青花曾创造了中国“三大青花”产地之一的辉煌业绩。但因诸多原因，导致玉溪青花跌入发展低谷，并在现代社会发展中走向陶瓷行业的边缘，甚至面临失传绝迹的尴尬处境。非物质文化遗产传承保护的实践证明：坚持生产性保护，将非物质文化遗产回归生活进行活态化传承，寻找非物质文化遗产与现代性的融合点，是对非物质

文化遗产传承保护的有效方式。在玉溪青花的传承保护中，坚守玉溪青花传统纯手工制作的底线，始终保持玉溪青花生产的工艺特征。我们坚持把玉溪青花制作技艺和现代公众的个性追求、审美情趣、产品需要和消费诉求有机地融合起来，营造玉溪青花传承保护的生态环境，开展活态化传承，进而使其回归到人民群众的日常生活，成为大众生活中的有机组成部分。我们坚持把玉溪青花文化基因注入现代产业体系，同时注重传统文化基因的重组，通过研发创新，在玉溪文化创意产业中生发玉溪青花工艺陶瓷系列产品，从而在现代性中增添传统文化的因素，绽放传统文化的光芒。

二、坚持社会参与和校企合作相结合的原则

玉溪青花融入了云南各民族的历史、人文、审美情趣、生产生活面貌等民族文化元素，是极具地域特色和民族文化特色的地方性文化产品。当地群众是玉溪青花传承保护的关键参与者和实践者。玉溪青花的传承一是需要社会民众的积极支持和参与，因此要搭建玉溪青花普及推广、制作技艺、产品展示的平台，让社会民众了解、熟悉、爱上玉溪青花；二是需要地方政府在政策上的支持，关心重视玉溪青花的保护、玉溪青花的宣传推介、新产品的研发设计，加大资金的投入，为玉溪青花的传承保护提供基础场馆及科研经费的支持；三是玉溪技师学院作为保护单位，亟须开展系统性研究，尤其要借鉴项目管理的做法，通过科研项目引领玉溪青花传承保护。

三、建立较为完善的档案和数据库

结合玉溪青花生存发展的现状，必须继续深入开展实地调查，通过开展深入的调查，系统梳理玉溪青花的生存状况、分布区域、传承人、相关场所、实物资料、相关民俗活动、保护情况等，全面掌握其现状及存在的问题。要运用文字、图片、音像以及数字多媒体技术，对这些项目进行全面系统的记录、整理，收集相关代表性实物，予以妥善保存，并建立档案及相关数据库。要充分发挥现代信息技术的优势，开展玉溪青花数字化传承保护的实践和探索。构建起物质实体传承保护和电子化传承保护，建好数字档案，发挥数字档案传播面广、社会影响大的优势。图3-1-1、图3-1-2、图3-1-3、图3-1-4、图3-1-5、图3-1-6、图3-1-7、图3-1-8、图3-1-9、图3-1-10、图3-1-11、图3-1-12、图3-1-13、图3-1-14、图3-1-15分别为传承青花装饰技法、传承青花装饰技法、传承青花装饰技法、传承青花装饰技法、传承青花装饰技法、传承鱼

图3-1-1　传承青花装饰技法

图3-1-2　传承青花装饰技法

图3-1-3　传承青花装饰技法

图3-1-4　传承青花装饰技法

图3-1-5　传承青花装饰技法

纹饰技法、传承鱼纹饰技法、传承鱼纹饰技法、传承一把莲纹饰技法、传承一把莲纹饰技法、传承一把莲纹饰技法、传承一把莲纹饰技法、传承凤凰纹饰技法、传承凤凰纹饰技法、传承凤凰纹饰技法。

图3-1-6　传承鱼纹饰技法

图3-1-7　传承鱼纹饰技法

图3-1-8　传承鱼纹饰技法

图3-1-9　传承一把莲纹饰技法

图3-1-10　传承一把莲纹饰技法

图3-1-11　传承一把莲纹饰技法

图3-1-12　传承一把莲纹饰技法

图3-1-13　传承凤凰纹饰技法

图3-1-14　传承凤凰纹饰技法

图3-1-15　传承凤凰纹饰技法

第二节　建立培养传承人的机制

玉溪青花的传承保护需要加快项目传承人的培养，建立有效的传承机制。传承人是非物质文化遗产的重要承载者和传承者，加强对传承人的培养、扶持和保护力度，是非物质文化遗产保护工作的关键。因此，我们要通过遍访玉溪青花民间艺人和引进国家级、省级工艺美术大师，加大对玉溪青花瓷烧制技艺这一项目代表性传承人的培养、认定和命名，不仅要为其出书立传提供支持，而且要为其开展传习活动提供必要的传承场所，通过“大师+企业”的合作模式，企业为大师提供资金支持，资助其开展授徒传艺、教学、交流等活动，大师为企业进行产品研发、人才培养，实现双赢，企业对传承工作有突出贡献的代表性传承人给予表彰、奖励。同时对学艺者采取助学、奖学的鼓励方式，以培养更多的后继人才。教育部门要积极参与进来，把玉溪青花作为玉溪文化的重要组成部分，将玉溪青花有关知识纳入大中小学相关课程或教学内容，推进非物质文化遗产项目进课堂、进教材、进校园。利用公共文化设施，开展讲座、培训等活动，对社会公众开展玉溪青花非物质文化遗产社会教育。

第三节　加大传承保护的资金投入

一、加大政府、社会多方资金投入力度

落实资金是开展玉溪青花传承保护工作的重要保

障。近年来，玉溪市委、市政府加快推进“文化和市”战略，加大文化创意产业的发展。玉溪青花作为玉溪文化创意产业中的重要文化元素，在促进玉溪陶瓷文化产业发展中具有极其重要的作用。玉溪市委、市政府领导高度重视对玉溪青花的文化价值和经济价值的发掘，并对玉溪青花传承保护给予了资金上的支持。传承保护取得了重要进展，玉溪青花已被列入云南省非物质文化遗产名录。玉溪市委、市政府高瞻远瞩，把玉溪青花作为传统文化元素，融入玉溪陶瓷产业发展，先后给予玉溪窑发展研究中心专项资金100万元的支持。2015年12月，投入陶瓷工艺专业建设专项资金130万元，用于支持玉溪青花实用技术技能人才培养。这为玉溪青花传承人才和技术技能人才的培养提供了难得的资金保障。然而，玉溪青花的传承是一项系统性、长期性的工作，玉溪青花的发扬光大是一项神圣而艰巨的工作。鉴于此，玉溪青花的传承保护仍然需要更大的资金投入和更多的政策支持，以做好以下儿方面的工作：一是通过对玉溪青花文化的发掘研究，形成玉溪青花陶瓷发展的完整历史脉络、釉料配制标准、器物特征和装饰特征，恢复还原玉溪青花烧制的整体工艺流程；二是关注玉溪青花传承人的培养，要定位在培养一批国家级、省级的代表性传承人、工艺美术大师，打造一批专业领军人才，通过在全市范围内寻找民间艺人、引进陶瓷专业人才，加快培养步伐，为玉溪青花传承提供人才上的支持；三是加大玉溪青花推广运用的项目研究，加快研发团队的培养，为玉溪青花融入玉溪文化创意产业、引领玉溪工艺陶瓷发展提供技术和人才的支撑。

二、加强基础设施投资，建设展示传习场所

玉溪技师学院是玉溪青花烧制技艺的保护单位，玉溪技师学院玉溪窑发展研究中心是具体保护的实施主体。鉴于此，依托玉溪技师学院玉溪窑发展研究中心，充分发挥研究中心在玉溪青花历史研究、产品研发设计、实用型技术技能人才培养方面的优势，将玉溪青花烧制技艺项目的展示与传习基础能力建设纳入公共文化服务体系建设和当地经济、社会发展规划，纳入“十三五”规划。争取在“十三五”期间，在玉溪市博物馆现有“玉溪青花展区”的基础上丰富展示内容。一方面，要展示相关的实物资料，如玉溪青花古瓷片、古器物等；另一方面，要展示玉溪青花研发创新的代表性作品。同时，通过建设融传习馆和实习实训基地、大师工作室等为一体的传习场所，为代表性传承人开展活态展示和组织传习活动提供场所；加大传习场所向社会开放的力度，增强民众对非物质文化遗产的了解和认识，使这些传习场所成为对青少年进行传统文化教育、爱国主义教育和市情教育的重要载体。

三、玉溪青花的传承保护需要以科研教育来牵引

积极鼓励开展与玉溪青花项目有关的科学技术研究和保护方法研究，充分发挥有关研究机构和职业院校在教科研方面的优势，通过校校合作、校企合作、学校与研究机构合作，推动相关理论研究和技术攻关的深入。研究中，我们通过与云南大学艺术设计学院合作，开展了“元明时期玉溪青花釉料配制研究”；通过与玉溪玉之陶文化传播有限责任公司合作，我们开展了“玉溪窑大型瓷板画研

究”；通过与云南省陶瓷行业协会合作，我们开展了“云南省首届陶艺作品大赛”。通过课题引领，玉溪青花传承保护拓宽了路径、丰富了内容、扩大了影响。下一步，需要在政府的层面给予科研经费上的支持，鼓励科研机构、陶瓷行业协会、职业院校深度合作，围绕玉溪青花传承保护和创新这一主题，形成一大批重点科研项目，通过科研项目的推动，加大玉溪青花的传承创新工作力度。

四、玉溪青花的传承保护需要广泛开展宣传展示

通过广播影视、报刊、互联网等大众传媒，积极报道宣传玉溪青花的保护工作；鼓励各种传播机构拍摄制作相关的视听节目或音像制品，组织相关保护成果的出版；鼓励图书馆、文化馆、博物馆、科技馆、档案馆和非物质文化遗产学术研究机构、保护机构以及文艺表演团体、演出场所经营单位等，开展玉溪青花相关成果的整理、研究、宣传、展示活动和学术交流活动。利用玉溪当地的各类展销会、博览会及民族传统节日，广泛开展玉溪青花新产品的展示，普及玉溪青花保护知识，促进玉溪青花的传播，增强全社会保护玉溪青花的意识，为玉溪青花的保护营造良好的社会氛围。开展玉溪青花的保护工作，不仅对培育当地群众的文化自信、文化自觉、弘扬优秀传统文化、宣扬技能宝贵具有重要意义，而且对于保持我国文化多样性、扩大玉溪青花社会影响、实现玉溪青花可持续发展具有重要作用。要通过广泛的宣传，让当地的人民群众认识到，玉溪青花是玉溪的骄傲，保护玉溪青花迫在眉睫，是每个玉溪人义不容辞的责任和义务。

第四节　打造校园传承平台

一、校企共建“AD11”双创平台

以云南省玉溪技师学院为例，玉溪技师学院采取“政府支持、学院主导、企业运营”的合作模式，通过公开招标，寻求合作共建双创平台，与中标企业玉溪天保文化产业发展有限公司共建“玉溪技师AD11文化创意园”双创基地。

“AD11”意为：与发展文化艺术为核心的创新、创业园区。AD由英文字母“A”和“D”组成，A是“文化艺术”英文单词“arts”的开头字母，D是“发展”英文单词“develop”的开头字母。“11”表示“双创”，其中“1”为创新、“1”为创业。“AD11”表示以发展文化创意产业，传承文化艺术为核心内容的创新、创业园区。图3-4-1、图3-4-2、图3-4-3、图3-4-4分别为“AD11”园区鸟瞰图、玉溪青花文化传习馆示意图、技能作品展销馆示意图、双创空间示意图。

图3-4-1　“AD11”园区鸟瞰图

图3-4-2　玉溪青花文化传习馆示意图

图3-4-3　技能作品展销馆示意图

图3-4-4　双创空间示意图

二、将青花文化传承融入双创平台

通过校企合作模式，共建“双创”园区，打造创业创意平台，整合社会力量。开创“双创”人才培养新模式。立足学院主导，培养文化创意与工艺美术行业，新型服务行业所需的适用型技术人才；实现学院实训平台、创意车间、用人企业为一体的结合；建设以青年为主要群体，以文创为主要内容，以创意为主要灵魂的高端文化创意平台。

“AD11”双创园区除民族文化传习馆、非物质文化遗产项目传承馆、餐厅服务实训基地、酒店管理实训基地外，还有玉溪工匠技能作品展销馆，玉溪青花文化传承馆。并将玉溪铜匠、木匠、石匠、银匠、陶瓷、彝绣、剪纸、3D打印等各种工艺作品，通过AV展示平台、电子商务平台进行师徒传承，作品展示，销售、传播等实训教学活动。玉溪青花等非物质文化遗产项目传承，通过引入企业能工巧匠、技能大师，融入学生双创实践性教学过程。对学生制作的陶瓷产品，采取定期进行展销活动、作品交流活动，使学生学习有兴趣、有动力、有创新。图3-4-5、图3-4-6、图3-4-7、图3-4-8、图3-4-9、图3-4-10、图3-4-11、图3-4-12、图3-4-13、图3-4-14分别为非物质文化遗产校园传承活动、非物质文化遗产校园传承活动、非物质文化遗产校园传承活动、非物质文化遗产校园传承活动、非物质文化遗产校园传承活动、非物质文化遗产校园传承活动、非物质文化遗产校园传承活动、学生作品、学生作品、学生作品。

图3-4-5　非物质文化遗产校园传承活动

图3-4-6　非物质文化遗产校园传承活动

图3-4-7　非物质文化遗产校园传承活动

图3-4-8　非物质文化遗产校园传承活动

图3-4-9　非物质文化遗产校园传承活动

图3-4-10　非物质文化遗产校园传承活动

图3-4-11　非物质文化遗产校园传承活动

图3-4-12　学生作品

图3-4-13　学生作品

图3-4-14　学生作品

三、推进非物质文化遗产项目校园传承

截至2017年2月22日，玉溪市有国家级非物质文化遗产项目6个，传承人4人；省级非物质文化遗产名录项目25个，传承人41人；市级非物质文化遗产名录项目187个，传承人126人；县级非物质文化遗产名录324个，形成了较为完善的四级名录体系，进行分层分级保护。

玉溪青花、彝绣、传统工艺等非物质文化遗产项目的传承、保护和创新，可以结合传承人的培养工作，大力推进非物质文化遗产项目产品化、产业化工作。玉溪青花瓷的烧制技艺，其最好的传承保护模式就是校园传承。可从小学、中学，特别是职业院校为切入点，通过开办专业班、选修课、兴趣小组等形式，让不同年龄段的人接触非物质文化遗产项目，与传承人交流，拜师学艺，传承非物质文化遗产项目，创新陶瓷产品，让技术和艺术相结合，让艺人和匠人融为一体，让工匠精神发扬光大。

第四章　玉溪窑青花文化鉴赏

第一节　丰富多彩的青花瓷片

一、玉溪窑青花瓷的起源

玉溪陶瓷烧造的历史最早可追溯到新石器时期。早在4500年前玉溪就已有精细的日用陶瓷制作历史，出土的古滇国时期文物里陶瓷占有很大的比重。在南诏时期和大理国时期，玉溪陶瓷的烧造技术有了明显的发展。图4-1-1为玉溪窑青花瓷片。

图4-1-1　玉溪窑青花瓷片

玉溪青花瓷的烧造历史，据考古发现，多数学者都认同始于元末明初。该结论主要是根据玉溪窑系的多个窑址瓷片的堆积情况分析得出，并结合墓葬碑文记载及出土的各种器物造型、绘画等特征，综合判断而得。从陶瓷标本以及下列瓷片特征来看，玉溪窑青花瓷器的种类、造型、图案、工艺等，都跟同一时期景德镇青花瓷器有很大的相似之处，从中可见元明时期许多青花瓷器的特征，可以推知，玉溪窑青花是学习和传承景德镇青花的烧造技术而得。从玉溪华宁县碗窑村《重建慈云寺功德碑》碑文记载可见："治北里许华盖山下，大明洪武年间，有车姓者由江西景德镇来滇，办陶厂于此为生活之计，继则汪氏、张氏、彭氏、高氏，以及范、刘、柯、杨诸姓，因亲及亲，因友及友接踵而至，遂萃处焉……"碑文翔实记载了景德镇人于明洪武年间在玉溪烧造陶瓷的历史。

二、玉溪窑青花瓷的烧造高峰

明代是玉溪窑青花瓷器的烧造高峰。这一时期，明王朝为了巩固在云南的民屯、商屯以及充军政策，在云南各地设置卫所，进行大规模的军事屯田。移民中以江浙、皖赣人士居多，云南民间还广为流传入滇汉人的根就在南京高石坎、柳树湾。在南京明宫城附近出土的碑文记载："看得疏通沟渠，乃王政要务。除十三门内大小渠陆续疏通外，惟洪武冈口（以）东，从□□关首下北东城兵马司门首下北标营、柳树湾、关王庙、太医院等处过西下各沟，向来不得下流之处，所以虽经疏浚，水仍不□。"从这段碑文记载说明，明洪武时期南京确有柳树湾这个地方，而且就在明宫城附近。

明太祖朱元璋令大将傅友德、蓝玉、沐英从南京率大军30万出征云南。云南平定后沐英留守云南，为了促进云南的巩固和发展，洪武十五年（1382年），沐英回南京，广招工匠，带回云南以兴修水利，屯田垦荒。在沐英带回云南的大批工匠中，就有许多从事陶瓷烧造的匠人，他们到云南后，分布在云南各地，并与当地人通婚，生儿育女，世居云南，致使云南玉溪、建水、普洱、禄丰、大理、丽江、曲靖等地都分布有青花瓷器的烧造窑口。在这一历史背景下，生产玉溪青花的窑口分布云南各地，种类繁多，造型各异，数量众多，工艺成熟。明万历《云南通志·赋役》中记载有“窑课”之说，说明玉溪窑青花瓷器的烧造数量已具有相当的规模，政府将之纳入课税范围。

三、玉溪窑青花瓷纹饰的鉴赏

明代早中期，玉溪窑青花瓷器制作精美，从瓷片绘画技艺中便可看出其成熟的艺术魅力。这一时期玉溪窑青花瓷的种类主要有碗、盘、杯、罐、瓶等。装饰手法有绘画、印花、划花、贴花、剔刻等。造型为手工拉坯成型。色彩使用本地色料和釉料，具有胎色沉稳、青花深重、釉色青灰的特征。纹饰主要有植物、动物、人物等，植物题材主要有牡丹、菊花、宝相花、西番莲和松、竹、梅、蕉叶、莲叶、兰花、水草等；动物题材主要有鱼纹、凤凰、狮子、神马、大雁等；人物题材主要有高士图。常见的玉溪窑青花瓷纹饰主要有以下几种。

1. 缠枝牡丹纹饰

缠枝牡丹纹饰圈内有一朵盛开的牡丹花，以简易手法绘制，花旁六个牡丹缠枝叶饰，用笔灵动自然，一笔画成一片叶子，使得整体自然大方。其胎土颜色沉稳，青花深重，釉色青灰。图4-1-2、图4-1-3、图4-1-4、图4-1-5均为缠枝牡丹纹饰。

图4-1-2　缠枝牡丹纹饰

图4-1-3　缠枝牡丹纹饰

图4-1-4　缠枝牡丹纹饰

图4-1-5　缠枝牡丹纹饰

2. 一把莲纹饰

一把莲纹饰花束中有莲花、慈姑、红蓼、香蒲等水生植物，上部花叶似迎风翩翩起舞，荷香馥郁沁人，下部根须在水波里轻轻荡漾，形态婀娜多姿，这样的纹饰称为一把莲。明代开国皇帝朱元璋对一把莲青花瓷盘特别偏爱，他以之提醒官员们廉洁自律、清清白白、两袖清风。青花画的莲花寓意“清廉”，象征清廉为人；慈姑是一种水生植物，它的叶形锋利显眼，但不伤手，寓意品行端正；红蓼是一种野花，蓼花味辛，有刺激性，春秋时期越王勾践“目卧则孜之以蓼”，就是困倦时以蓼花来刺激眼睛，眼泪流下来就解困了，后人以之寓意君子不忘其本；香蒲，嫩的时候可以吃，老了可以用来编织睡觉用的席子，寓意君子生活俭朴。一把莲纹饰在明代早期青花瓷盘上大为盛行，寓意清廉为官。图4-1-6、图4-1-7、图4-1-8、图4-1-9均为一把莲纹饰。

图4-1-7　一把莲纹饰

图4-1-6　一把莲纹饰

图4-1-8　一把莲纹饰

图4-1-9　一把莲纹饰

3. 鱼藻纹饰

鱼藻纹饰，自古就是陶工画师的挚爱，从学徒到大师均乐于将鱼藻纹饰于瓷器之上。此纹饰中两鱼反射游动，浮萍、水草等水生植物飘拂若舞，并创意十足，形成一个完整的八卦动态图形，周边画有蕉叶，整体构图奇妙，美观，有动有静，有寓有趣。鱼藻纹饰中鱼与“余”同存，寓意“连年有余”，为百姓所广泛认同及喜爱。图4-1-10、图4-1-11、图4-1-12均为鱼藻纹饰。

图4-1-10　鱼藻纹饰

图4-1-11　鱼藻纹饰

图4-1-12　鱼藻纹饰

4. 松叶纹饰

松叶纹饰双圈之外有牡丹纹饰配之，重点突出圈内松叶纹饰，以一棵松叶为构图，反映其“岁不寒，无以知松柏；事不难，无以知君子”的品格，松是长寿的标志，松龄长久，经冬不凋，被人们视为仙物，用以祝寿、喻长生。松是真情的象征，松树坚韧、顽强，象征忠贞的友谊和爱情。松与竹、梅称为岁寒三友，深秋之后，百花凋谢，唯有岁寒三友挺霜而立，故人们多以之比喻在逆境中而能保持节操的人。历代文人均歌以赞松，诗以咏松，文以论松，画以绘松。图4–1–13、图4–1–14均为松叶纹饰。

图4–1–13　松叶纹饰

图4–1–14　松叶纹饰

5. 十字金刚杵纹饰

十字金刚杵乃佛教的一种法器，梵名叫“伐折罗”。它原是古代印度的一种兵器，后被佛教吸收为一种法器，佛教以之代表坚固锋利之智，可断除烦恼，除恶魔，是佛智、空性、真如、智慧的代表。十字金刚杵图纹饰常用于碗心、盘心，以示其为佛教专用之器皿。明代的云南佛教昌盛，其专用碗盘众多，十字金刚杵纹饰画法熟娴流畅，这些均有力地证明了当时佛教信仰的规模和对玉溪窑青花瓷器佛教专用器皿的特殊需求。图4–1–15、图4–1–16、图4–1–17、图4–1–18、图4–1–19均为十字金刚杵纹饰。

图4–1–19　十字金刚杵纹饰

图4–1–15　十字金刚杵纹饰

图4–1–16　十字金刚杵纹饰

图4–1–17　十字金刚杵纹饰

图4–1–18　十字金刚杵纹饰

6. 牡丹花纹饰

牡丹花纹饰，高洁、端庄、秀雅，是富贵、吉祥、幸福、繁荣的象征，深受百姓喜爱，是文人推崇的国色天香。图4-1-20、图4-1-21、图4-1-22均为牡丹花纹饰。

图4-1-20　牡丹花纹饰

图4-1-21　牡丹花纹饰

图4-1-22　牡丹花纹饰

7. 梅花纹饰

梅花不惧风雪，坚贞不屈，坚韧不拔，傲雪欺霜，常被人们作为传春报喜的吉祥象征。由于梅花的高洁、傲骨之风，不畏严寒的傲雪精神，不与百花争春的高法之美，故梅花常被人们用来象征美丽、高洁、坚强之人。青花碗心的梅花纹饰，以一朵盛开的五瓣梅花、四枝叶茂翠绿的梅枝构成一幅美丽的图画，让人天天用餐时都能时时反思自己，对照梅花的品格修身养性，孤独而有傲骨，贫寒却有德行。图4–1–23为梅花纹饰。

图4–1–23　梅花纹饰

8. 钱币纹饰

一般碗心以绘制各种花卉图案较多，盘心以绘制鱼、人物、凤等动物纹饰居多，以钱币形状为图作为碗心纹饰的并不多见，但这也表现了陶工画师们对丰衣足食、有钱有粮的富裕生活的向往。图4–1–24为钱币纹饰。

图4–1–24　钱币纹饰

第二节　青花碗上的符号

一、碗的历史

1. 新石器时代的碗

碗作为人们日常生活必需的用具，发展历史久远。目前，还无法考证碗最早起源于何时，发明者是谁，发明过程怎样，但从出土文献记载，我国新石器时代已出现了泥质陶制的陶碗。

2. 商周时期的碗

由于原始青瓷的出现，也就产生了最早的瓷碗，并使用于商周至春秋战国时期。

3. 唐代的碗

唐代及唐以前几个朝代，在原始青瓷的基础上，制瓷工艺不断进步，人们的审美和实用要求不断提高，碗的器型、釉色、纹饰也越来越精巧，使用和分工越来越具体，质量也日渐提高。这一时期出现了饭碗、汤碗、菜碗、茶碗等，其形状为直口、平底，施釉不到底，基本无纹饰。

4. 宋代的碗

宋代是我国瓷器制造业发展鼎盛的时代，汝、官、哥、钧、定五大名窑把瓷器的生产推向了顶峰。宋代的碗，多为斗笠式、草帽式，大口沿，小圈足，其圈足直径一般为口沿的三分之一。釉色多为单色，如影青色、白、黑、酱釉色等。纹饰用刻、划、印、压模等手法，将动物纹饰、植物纹饰、人物纹饰绘在碗的内、外壁或内底心上。

5. 元、明时代的碗

元、明时代的碗比宋代单色釉碗表现得更为高大厚重，圈足多为内斜多撇，断面呈八字形状。其印花、刻花、划花装饰手法，在元青花的激发之下更加成熟，从元末至清代，青花碗均盛行、盛产、盛销。

江西景德镇、云南玉溪、浙江江山三地，正在这一时期形成了中国青花瓷器的三大产地。玉溪窑青花碗正是其代表作品之一。

二、玉溪窑青花碗鉴赏

1. 麒麟纹饰青花碗

碗口直径22厘米，圈足直径9. 5厘米，高10厘米。撇口，口沿有损，口沿四周均有线条纹饰。腹部内外均有纹饰，内画有花果纹饰，外画有缠枝牡丹纹饰。碗内底上画有少见的麒麟、祥云纹饰，画工精细，纹路清晰，图饰雅韵。圈足四周无釉，足内外墙外斜。胎色浅灰白，胎质坚硬，釉色透明，且较厚重。器型整体较为美观。图4–2–1为麒麟纹饰青花碗。

图4–2–1　麒麟纹饰青花碗

2. 菊花纹饰青花碗

碗口直径21厘米，圈足直径10. 5厘米，高10厘米。敛口，口沿四周向内收紧。腹部圆鼓，内外均有纹饰，内为牡丹纹饰，外为缠枝纹简写。碗内底心画有菊花纹饰，画法简洁随意，画工娴熟雅致。底心较平整，有六颗支钉痕迹。圈足四周无釉，露胎部分稍大，足内外墙平衡，圈足内有打坯压紧痕迹。胎色浅灰，胎质坚硬，从露胎部分可见胎土夹杂细小沙粒。釉色透明呈青色，开片均匀，整体器形美观大方。图4-2-2为菊花纹饰青花碗。

图4-2-2　菊花纹饰青花碗

3. 牡丹纹饰青花碗

碗口直径18厘米，圈足直径8厘米，高9厘米。敛口，口沿四周向内收紧，用一条锡带包边，其锡包青花的工艺较为精湛，足见当时人们对青花碗的珍惜和爱护。腹部内外辟均有青花纹饰，内壁画有三朵牡丹，外壁画有缠枝纹饰。碗内底心画有一朵大牡丹，与腹内壁的三朵牡丹上下相映，形成一体，其画法简朴流畅。碗内底心有六颗支钉痕迹。圈足内外墙平稳，圈足底有打坯压紧痕迹，修坯较为粗糙。胎色浅灰白，胎质坚硬。釉色透明呈青色，开片均匀美观，釉水厚重。虽然腹部有裂损，但这是一只难得的，具有锡包青花工艺的青花碗。图4-2-3为牡丹纹饰青花碗。

图4-2-3　牡丹纹饰青花碗

4. 菊瓣纹饰青花碗

碗口直径15. 5厘米，圈足直径6厘米，高7厘米。敛口，口沿四周向内收紧。腹部稍圆鼓，内外壁有青花纹饰，内为牡丹纹饰，外为写意植物纹饰。碗内底心有五颗支钉痕迹，围绕支钉有底心圆线纹饰，底心上画有菊瓣图样，壁上配有牡丹图案，上下相映形成一幅美丽的图画。圈足内外墙平稳，四周露釉，胎色浅灰白，胎色坚硬。釉水透明，开片均匀，施釉厚重。图4-2-4为菊瓣纹饰青花碗。

图4-2-4　菊瓣纹饰青花碗

5. 鸟纹饰青花碗

碗口直径15厘米，圈足直径6厘米，高7厘米。撇口，口沿四周撇口处均有回字纹饰。腹部内外壁均有青花纹饰，内壁有多宝图案纹饰，外壁有缠枝牡丹纹饰。碗内底心画有梅枝吉祥鸟图案，画工精致流畅，图案雅韵。圈足四周无釉，足内外墙平稳，圈足内有打坯压紧的痕迹。胎色浅灰夹红，胎质坚硬，修坯粗糙。釉水透明，且较厚重。底心有三颗支钉痕迹。图4-2-5为鸟纹饰青花碗。

图4-2-5　鸟纹饰青花碗

第三节　青花盘中的文化

玉溪因碧玉清溪而得名，也因出土青铜器、青花瓷，生产玉烟而闻名全国。玉溪窑及青花瓷器的出土，使中国陶瓷史上增添了一个名为“玉溪窑青花瓷”的位置，也使玉溪古窑址成为第七批全国重点文物保护单位之一。玉溪历史的沉淀、玉溪文化的积累，使玉溪窑跻身中国历史名窑之列。

一、玉溪窑烧制青花瓷器的历史

玉溪窑烧制青花瓷，始于宋元，是明代除景德镇窑生产青花瓷以外的重要窑场。玉溪窑的发现，让海内外学者惊喜不已。玉溪青花瓷有力地证明了，云南边疆民族地区虽然经济文化相对落后，交通不便，但自古以来就与内地有着密切的经济、文化联系。云南边疆地方文化，是中华文化的重要组成部分。已故学者冯先铭先生将江西景德镇、云南玉溪、浙江江山称为中国青花瓷器的三大产地。马文斗先生专著《玉溪窑》，阐述玉溪窑生产的青花瓷器技艺是从中原传入，在融入边疆民族文化的基础上创造性形成的民族工艺，是中国青花瓷史上的一朵奇葩。

2013年年初，在玉溪研和街道办事处王家山发现清代古窑遗址，其龙窑遗址及青花瓷片的发掘，打破了一直认为玉溪青花瓷的烧制始于宋元，而止于明的说法，进一步说明了玉溪窑青花瓷的烧制历史之悠久、影响力之大。

二、玉溪窑青花盘的特点

玉溪窑青花盘是采用当地瓷土和青料生产的具有地方特色的生活用瓷器。它既有中国传统青花瓷器的共性，又有当地民族特色、宗教特色和地方窑风格。

1. 器　型

根据当地居民生活的实际需求，其器型大者盘口直径达31厘米，小者直径仅有11厘米。其胎呈灰白色，也有青灰色，胎土含砂粒，含红土现象严重。胎体显厚重，不够精细，较为松软，整体风格朴实、浑厚、凝重。

2. 工　艺

无论是青花盘还是青釉盘，均采用传统的轮制拉坯工艺成型。盘内光滑度不够，圩足显得厚重，由于采用叠烧法，盘底多有支钉，且不够平整光滑。大盘盘边收口较高，小盘收口较平缓，都是为摆放食品、物品时使用方便。

3. 纹　饰

纹饰有人物、动物、植物及其他。一般图形多见于植物花卉。纹饰多为鱼藻纹、水波纹、蕉叶纹、缠枝纹、葵花边、太阳花、普通花草等。青釉盘多无纹饰，少量的以模压暗花纹饰为主，暗花纹饰又多为花卉、水果类。

4. 釉　色

釉色多为青釉，也有青灰、青黄色，主要原因是因为釉采用草木灰和石灰水混合剂为料，又因胎土质量不高，胎土中含铁、含锰、含钴量太高形成。一般盘子纤足及纤足内均不施釉，故有用漆护胎的做法。

5. 青　花

盘子青花色呈蓝黑、蓝灰。早期青料采用进口苏麻剂青料，后期多数使用当地钴土矿，当地很多山上现还存有采掘钴土矿料的矿洞。通过采钴矿、选洗、煅烧、粉碎、磨细、加水和匀后制成青花料。青花料含锰、钴、铁等氧化物，故使盘上青花色呈蓝黑、蓝灰。盘子一般只在正面着青花，在动物、人物、花蕊等重点部位画师常常会多次点画，致使青花色深浅有序，观看效果更好，时间长后并有晕散现象出现。

三、玉溪窑青花盘的鉴赏

1. 人物青花盘

盘口直径31厘米，盘底直径19厘米，高8厘米。盘底平整漏胎。盘口卷起内收。图中有楼台、花卉、红梅，幽雅之环境配一位手持花卉的仕女思春图，画面栩栩如生。

图4-3-1、图4-3-2均为人物青花盘。

图4-3-1　人物青花盘

图4-3-2　人物青花盘

2. 双鱼青花盘

盘口直径20厘米，盘底直径8厘米，高4. 5厘米。盘子底

图4-3-3　双鱼青花盘

图4-3-4　双鱼青花盘

有两条栩栩如生的游动着的鱼，周边有浮萍、鱼藻纹饰、蕉叶纹饰。盘口有万寿边。盘中有六颗支钉。青花发色较艳，视觉感非常好。图4–3–3、图4–3–4均为双鱼青花盘。

3. 松树青花盘

盘口直径22厘米，盘底直径10. 5厘米，高6厘米。松树图案由三台松枝构成，像一个盆景，其画工之精细，难得一见。图4–3–5为松树青花盘。

图4–3–5　松树青花盘

4. 莲花青花盘

盘口直径20厘米，盘底直径8. 5厘米，高4厘米。盘

图4–3–6　莲花青花盘

图4–3–7　莲花青花盘

中一把盛开的莲花。周边为蕉叶纹饰，边为万字边。图4–3–6、图4–3–7均为莲花青花盘。

5. 十字金刚杵青花盘

盘口直径20厘米，盘底直径9厘米，高4厘米。十字金刚杵及飘带纹饰中藏有道家八卦图形。盘边饰以牡丹纹饰，一般不多见。可看出当时佛道相通，两者和谐相处。图4–3–8为十字金刚杵青花盘。

图4–3–8　十字金刚杵青花盘

第四节　青花瓷枕与康体文化

一、枕头的起源

人们常以一块石头、一根木头、一束柴草、一张兽皮作为睡觉、休息时的头枕物，这就是枕头的原型。枕头起源于旧石器时代中晚期，人们从无意识地使用枕头，发展到有意识地制造和使用枕头，最终使枕头成为就寝和卧而休息的必需用具。

古代医书中，对枕头高度有明确的记载："高下尺寸，令侧卧恰与肩平，即仰卧亦觉安舒。"意思是说：枕头的高度，以仰卧时头与躯干保持水平为宜，在仰卧时枕头高度为自己的一拳，侧卧时枕头高度为自己的一拳半。一般以10~15厘米的高度较为合适，具体尺寸还要根据每个人的生理弧度和感觉到的舒适度而定。人们从距今30万年前至距今20万年前的旧石器时代以石为枕、以木为枕，发展到能有意识地使用适合自己的枕头，并随时代的进步、医学的发展，懂得了使用枕头是为了保持身体颈椎和脊椎的正常弯曲，以免受到不必要的损伤。

二、枕头的种类

枕头的种类很多，但其功能都是相同的。如果采用具有医疗效果的物质制作枕头，则不同的药枕还具有不同的治疗作用。一般来说，枕头从质地上可分为石枕、木枕、玉枕、竹枕、漆枕、皮枕、铜枕、银枕、陶枕、瓷枕、布枕等。从造型上分为角枕、六面体长方枕、椭圆枕、梯形枕、圆枕、人物型枕、植物型枕、动物型枕等。长方形枕头是最常见的造型。人物造型枕头多为孩儿枕、女人体枕。植物造型枕头多为佛枕中的莲花枕。动物造型枕头多为虎头枕、双狮枕、盘龙枕、立象枕、奔兔枕、兽枕等。在瓷枕中有各种绘画装饰的枕头，画人物的枕头，多为孩儿；有画动物的枕头，多为蕴意吉祥之意的各种动物；有画植物的枕头，多为花卉缠枝纹饰。可以说，枕头的历史久远、种类繁多，今天更出现了多种具有高科技含量的新式药枕。

三、枕头的文化

枕头从人们无意识使用到有意识使用，从单一功能到多种功能，均属物质文化的范畴。但从枕头的文化含义来看，它又上升到了精神文化的层面，对枕头的制造、装饰、造型乃至使用，都反映出了人们不同的文化心理、价值观念、审美意识、风俗习惯、宗教信仰。如果从枕头的质地以及其贵贱看，枕头的使用又有各种等级之分，从而形成不同的礼制，这便具有了制度文化的内涵。

《拾遗记》记载，传说三国时期，魏元帝咸熙年间，有一天夜晚，宫中突然出现一只白虎，白虎在魏元帝房前走动。魏元帝惊恐万分，立即命令侍卫追杀，埋伏在宫中的高手用戈刺中白虎的眼睛，奇怪的是，白虎不见了。元帝又命令所有侍卫进行全面搜查，搜查中发现宫中宝库里有一只白玉虎枕头，虎的眼睛还在流着鲜血，这才知道是白玉虎枕头在作怪。这只白玉虎枕头是汉代诛灭梁冀时得到的，枕上虎额处有篆书“帝辛”二字。帝辛就是商纣王。从而断定这只枕头就是商代商纣王和苏妲己共用的“帝辛之枕”。从而可见，商代就出现了玉虎造型的枕头，并有宫中用玉枕，百姓用普遍的石枕、木枕、草枕的等级之分。

《礼记》记载，周代对枕头的日常保护和管理具有严格的限制，要求人们每天早上起床时，一定要把枕头和睡席收起来，把枕头装进一个箧子之中，不能给外人看见自己的枕头。长辈的枕头、睡席、衣被等日常用品，妇女和小孩不得随意翻动，这是一种礼制，是晚辈对长辈尊敬的一种日常行为。《仪礼》中记载，父母去世，儿子在服丧期间，要搭盖临时草房，睡在草上，以土块为枕头，不分白天黑夜哭丧，称为“寝苫枕块”。意思是，亲人去世了将埋在土中，枕土块，就可以和去世的亲人更接近，以之表达哀思。这种与枕头有关的礼制，在有些地方一直延续到明清时期。

四、玉溪窑青花瓷枕鉴赏

玉溪窑烧制始于宋元时期，元末明初烧制出青花瓷，因此成为全国三大青花生产基地之一。玉溪窑各种器型中，数量最多的数将军罐、玉壶春瓶、碗、香炉、各种花瓶等，这些都是以拉坯成型，并绘画、施釉烧造而成的。玉溪窑青花瓷枕存世不多，难得一见，瓷枕的成型是以泥坯制作成型的，无法采用拉坯成型的方法，可见泥坯的制作，雕花，青花绘画，施釉，烧成等工艺都相当复杂、费工，一般的陶工难以制成，制成后烧成功的可能性也很小，所以瓷枕产量不多，存世很少，是研究元、明时期玉溪窑烧造技术水平的难得实证。

1. 明代青花瓷枕一

长36厘米，宽15厘米，两端分别高12厘米，中间部分高6厘米，底部施透明釉，雕有7星小孔，既是很好的装饰，又是烧制温度升高时，不易使底部泥坯烧裂的技术要求。枕头两端以雕空花卉配青花绘画，每个雕空的叶面上均有青花纹饰，收口部分以葵口边装饰，以显其美丽。枕头中部有雕空钱眼，两旁绘有菊花纹饰，青花在透明釉里显现其典雅，寓意丰衣足食，睡在钱上。前后对应通孔，以叶型孔为装饰，正面施釉，背面不施釉。烧制时为了提高成功率，将瓷枕侧立叠烧，侧面有明显支钉4颗。整个瓷枕造型美观大方，其胎土朴素却不失韵味，其画法简洁却不简单，其釉色透明却映衬青花。图4-4-1为明代青花瓷枕一。

图4-4-1　明代青花瓷枕一

2. 明代青花瓷枕二

长33厘米，宽13厘米，两端分别高10厘米，中间部分高5厘米，底部施透明釉，雕有7星小孔。枕头两端以葵口边装饰，画有钱眼花饰，叶型雕空4孔，中间绘有菊花纹饰，雕有钱眼图案。前后对应通孔，正面设计精致，将青花与雕孔相通，施釉后显现其青花绘画艺术与雕空艺术有机结合，背面不施釉。底部施釉，侧面有5颗支钉，以叠烧成型。图4-4-2为明代青花瓷枕二。

图4-4-2　明代青花瓷枕二

第五节　青花高足杯与酒文化

一、酒杯的发展历史

杯，是用来盛水、酒、茶等液态物质的器具。其基本的器型大致有直口和敞口两种，材质多为陶瓷、木、金属、玻璃等。新石器时代的大汶口文化时期，出现了最早的陶制杯。我国是最早酿酒的国家，早在两千年前就发明了酿酒技术，杯作为最佳的盛酒器得到人们的钟爱，一段时期杯成为饮酒器的通称或代名词。随着历史的发展，人们创造出了许多不同器型、不同材质的酒杯。在不同历史时期，由于人们制造酒杯的技术以及对酒杯的鉴赏水平不同，产生了种类繁多，令人目不暇接的各种各样的酒杯，如陶制酒杯、木制酒杯、竹制酒杯、青铜制酒杯、兽角酒杯、海螺酒杯、漆制酒杯、瓷制酒杯、黄金酒杯、白银酒杯、玉石酒杯、水晶酒杯、锡制酒杯、景泰蓝酒杯、玻璃酒杯、铝制酒杯、不锈钢酒杯、纸酒杯等。我国不同时期流行的酒杯大致如下所述。

1. 商周时期的青铜酒杯

青铜起于夏，最早的青铜制酒杯称为爵。进入商周时期，青铜的冶炼水平和制造技术达到了鼎盛时期。当时青铜制品共分为食器、酒器、水器、乐器四大类，仅与酒有关的就有煮酒器、盛酒器、贮酒器、饮酒器。以上不同用途的酒器又可分为多种类型，如仅仅是用于饮酒的就有觚、觯、角、爵、杯等，并按礼制规定："宗庙之祭，尊者举觯，卑者举角。"商周时期还出现了专门以制造酒器为生的职业，从事这些职业的人，往往以家传技艺、学徒制形式培养技术匠人，进行家族式生产和传承，所以当时出现了"长勺氏"和"尾勺氏"这样的专门制造青铜酒器的氏族。这种职业能力的培养和制造技艺的传承模式，为我国商周时期青铜制造技术能达到顶峰奠定了人才基础。

2. 秦汉时期的漆制酒杯

周朝以后，以青铜制造酒杯的技术逐渐衰落。秦汉时期取而代之的便是漆制酒杯。汉代，人们饮酒习惯于席地而坐，盛酒器置于中间，酒杯置于各人之前，并以挹酒的勺分酒于杯中，相互对饮，杯以漆制耳杯为流行。

3. 宋元时期的瓷制酒杯

魏晋时开始流行坐床饮酒。唐代出现了桌子，人们饮酒多在桌子上进行，这一时期随之出现的盛酒的"偏提"，也就是类似今天我们使用的酒壶，从而替代了以前的樽勺。宋代是我国陶瓷生产的鼎盛时期，汝、官、哥、均、定五大名窑均生产了不少精美的酒杯，许多盛酒器、酒杯、注子、注碗一直沿用至今。元代青花高脚杯，盛酒的玉壶春瓶等酒器体现了蒙古族统治时代的生活特征。明清时期以青花杯、斗彩杯、珐琅彩杯、三彩杯、青花玲珑杯等为主流。现代随着工业的发展，更多体现了现代人的多彩需求，以金属、玻璃、陶瓷等新材料、新工艺生产出了许多丰富多彩、千姿百态的酒杯。

二、酒杯与酒文化

酒杯是酒文化的重要载体。古人云："非酒器无以饮酒，饮酒之器大小有度。"从有酒开始，便有了酒杯，经过几千年的发展变化，酒杯的生产已形成了一个独特的造型艺术门类，并生产出许多种类繁多、具有独特文化含义的酒杯以及各种与酒相关的器皿。如元代流行在马背上方便使用的高足杯，也称马上杯，就与当时民族文化融为一体，具有明显的时代文化特征。

酒文化自古就是沟通各种社会生活方式的文化桥梁，人们通过它，将人类社会文化及情感世界表现得淋漓尽致。酒与酒杯，酒文化与儒道文化、制度文化、文学艺术、社会风俗等传统文化密不可分。

酒文化包含了酒在生产、销售、消费过程中所产生的物质文化和精神文化，它渗透到人类社会生活的各个领域，对人文生活、文学艺术、医疗卫生、工农业生产、政治经济等方面都有着巨大的影响和作用。历代不少文人学士写下了品评鉴赏美酒佳酿的著作。广泛流传了斗酒、写诗、作画、宴会、养生等酒神佳话。如大家熟悉的李白《月下独酌》："花间一壶酒，独酌无相亲。举杯邀明月，对影成三人。"孟浩然的《过故人庄》："开轩面场圃，把酒话桑麻。"王翰的《凉州词》："葡萄美酒夜光杯，欲饮琵琶马上催。醉卧沙场君莫笑，古来征战几人回。"王维的《送元二使安西》："渭城朝雨浥轻尘，客舍青青柳色新。劝君更尽一杯酒，西出阳关无故人。"杜甫的《独酌成诗》："醉里从为客，诗成觉有神。"罗隐的《自谴》："今朝有酒今朝醉，明日愁来明日愁。"等等。

三、玉溪窑高足杯鉴赏

玉溪窑中青花高足杯、青釉高足杯、酱釉高足杯的出现，虽然存量不多，但也足以证明玉溪窑元明时期就有烧制青花高足酒杯的历史。从高足杯的器型、丰富的釉料、青花绘画的笔法，可见当时玉溪窑烧制技艺的水平，难怪被誉为全国三大青花瓷生产产地之一，也可窥见玉溪工匠当时的职业能力和职业技术水平是很高的。

1. 八方口青花高足杯

杯口外敞，丰腹内收，杯口直径为7厘米。杯足内空，足口直径3. 5厘米，足壁有两道竹节，除美观外，有益把杯稳定。杯身高8. 5厘米，青花纹饰较为丰富，充分体现出元明时期青花高足杯的特色。腹下底部饰一圈仰莲纹，腹部以五束一把莲纹装饰，具体画有莲花、藕蓬、荷叶、水草等植物图案。杯口内饰线条纹与八方口相对应，形成一周纹饰。杯内底部饰釉下青花石、竹图。整体小巧精致。青花上晕散突出，纹饰丰富。图4–5–1、图4–5–2均为八方口青花高足杯。

图4-5-1　八方口青花高足杯　　图4-5-2　八方口青花高足杯

2. 青花高足杯

杯口呈浅碗式，下承以高喇叭形圆足，杯口直径9.5厘米，足口直径3.5厘米，整个杯身高9.5厘米。青花纹饰较为丰富，足上部与腹下底部以仰莲纹饰之，并将腹与足联为一体，整体显得格外美观。腹部以缠枝牡丹纹饰周身装饰。杯口以横斜条纹饰一周，杯内底部饰有釉下青花牡丹图案，整个高足杯青花图案丰富，整体美观大方。图4-5-3、图4-5-4均为青花高足杯。

图4-5-3　青花高足杯　　图4-5-4　青花高足杯

3. 青釉高足杯

杯口为浅碗式，下承高喇叭形圈足，足中空，足根外撇，足与杯身用泥粘接。杯口直径10. 5厘米，杯足口直径4厘米，整个杯身高12. 5厘米。青釉、灰胎，釉色光润，开片较为均匀且内外美观如玉。图4–5–5为青釉高足杯。

图4–5–5　青釉高足杯

4. 酱釉高足杯

玉溪窑酱釉高足杯，是因釉料中含氧化铁的成分过高，经烧制后而呈酱油色釉面的杯子。其杯口外撇，浅碗式特点更为突出，杯口直径7厘米，杯足空，足口直径4. 5厘米，杯身高8厘米。腹部有裂迹，整体小巧精致。图4–5–6为酱釉高足杯。

图4–5–6　酱釉高足杯

第六节　青花茶壶与茶文化

一、茶

茶不仅是一种饮品，也是一种博大精深的文化，茶文化是中国传统文化的重要组成部分。图4–6–1、图4–6–2均为青花茶壶。

图4–6–1　青花茶壶

图4–6–2　青花茶壶

早在周朝早期，茶就有文史资料记载，如《华阳国志》中记有："周武王伐纣，实得巴蜀之师，茶蜜，皆纳贡之。”可见，在三千多年前，周武王伐纣时，就有巴蜀之师以茶作为贡品敬献给周武王。唐代陆羽的《茶经》详细记载了种茶、制茶和饮茶等工艺和茶事活动，并将唐代盛行的儒、释、道三教思想及不同的人物融入各种茶事活动之中，把茶的一切活动都升华为人们所追求的高雅文化生活，形成了传播海内外的中国茶文化。

几千年来，云南作为植物王国，以野生大叶乔木普洱茶为主，为中国茶文化塑根添彩。普洱九甲2700年树龄的古茶树，说明了云南普洱茶的历史，三国时期诸葛亮在云南教茶民种茶、制茶、品茶的故事，着实丰富了云南边疆地区悠久的茶文化。茶已成为人们日常生活中不可缺少的饮品，茶字被人们视为长寿的象征，茶字的草头与“廿”相似，中间的人字与“八”相似，下面的木字则可分解为“八”和“十”两个字。因此，由茶字可分解成为“廿”加“八”再加“八十”等于一百○八，人们便把一百○八岁的老人称为“茶寿”，茶由此便成了长寿的代名词。茶字还可分解为“艹”字头和“人”及“木”三个部分，并且，人在草之下，木之上，即为茶。故人们相传“人在草木间，孰能不饮茶”，使人与自热融为一体，人与茶不可分离。

二、茶文化

在我国，茶文化历史悠久。茶树的起源有6000多年的历史，人们饮用茶已有4000多年的历史。人们最初是把茶作为解百毒的药，把茶叶煮成茶汤药用，经过神农尝百草，闻于鲁国公，兴于唐，盛于宋，茶从药用过渡到人们离不开的一种饮品，并在历朝历代的种茶、制茶、饮茶、品茶中形成了独特的茶文化。

秦汉时期，从识茶、用茶、饮茶到茶文化的发展，已经有了一个明显的萌芽。《汉志》中记载了当时蜀人已用“茶”来为当地的部落和地域作命名。明末学者顾炎武的《日知录》记载有：“自秦人收蜀而后，始有茗饮之事。”说明有茶饮的生活习俗是秦国统一巴蜀之后才传播形成的。东汉末年的神医华佗在《食论》中记载：“苦茶久食，益意思。”意思是茶的味道苦涩，但饮后可使人消除疲惫，提神解乏，深思熟虑，开拓思维。秦汉时代的泡茶法仅为煮茶法，即将茶叶放入水中烹煮而饮，饮茶就是饮茶汤，故吴人称茶汤为“茗粥”。

三国两晋时期，茶业和茶文化随着经济的发展和交通运输的便捷，在江南一带有了较快的发展。南北朝时期的《桐君录》记载：“西阳、武昌、晋陵皆出好茗。”在此时期，以茶待客、以茶敬客，已经成为普遍风气。相传，有一才子名叫任育长，一些名流以茶敬之，但他对茶不熟悉，就问敬茶者：“这是茶，还是茗？”这些社会名流很是奇怪，一个才子竟连茗就是茶都不懂，任育长见大家脸带疑惑，便忙说：“我刚才是问，是热的还是冷的。”结果适得其反，引起大家哄堂大笑。三国两晋时的泡茶方法仍以烹煮为主，但已形成了一定的仪式、礼数和规矩了，人们的饮茶行为有了共识共遵的规范程序。

唐朝时期，饮茶的风尚，已从贵族、文人雅士阶层大规模普及到社会的各个阶层，得到了广大普通百姓的欢迎。社会上茶道盛行，饮茶之风大兴，有“穷日竟夜”

"逐成风俗"且"流于塞外"等历史记载。唐朝文成公主远嫁吐蕃，促进了汉藏经济、文化的互通和繁荣。其中一个突出的例子是文成公主以茶为嫁妆，将茶及茶文化传入西藏，因藏区人民食肉、乳多而消化不好，用茶加入奶中饮用，自然有助消化和养身，并形成了传承至今的藏式奶茶——按个人不同口味，煮茶时加入少量盐、松子、酥油等食物，不断适应高寒气候环境和藏人的口感的酥油茶。唐代经济文化的繁荣，使得种茶区域扩大，饮茶人群普及，唐政府首次进行以茶征税，唐德宗建中元年（公元780年），规定对茶征收10%的税。茶文化在唐代已逐步形成，饮茶与人们的精神世界相融合，饮茶与悟道茶禅一味，饮茶与赋诗会友相统一，形成了相传至今的茶文、茶诗、茶画、茶歌、茶故事等。饮茶不仅是品味的过程，也是自我修心的过程，是精神世界的灵魂净化过程。唐代的泡茶方法从煮茶法发展为煎茶法，出现了陆羽这样的茶专家、茶圣人，并发明了由备茶、备水、生火煮水、调盐、投茶、育华、分茶、饮茶、洁器九个步骤有机组成的煎茶法，从而产生了供煎茶之用的各种茶壶。

茶文化在唐代茶产业的发展基础之上，在宋朝时期有了更为丰富的发展，如程序繁杂，技艺高超的"斗茶""分茶""修茶"等茶事活动。宋朝时期茶肆经营昼夜不绝，无论夏日冬季，随时都有提壶卖茶的茶人。有的茶肆，也成了当时人们交往的场所，开展文体活动进行社交的聚点，如蹴球茶坊、音律茶坊等"挂牌儿"。宋代的泡茶方法，由于唐代的煎茶法烦琐复杂，人们发明了点茶法，点茶法主要包括备器、选水、取火、候汤和习茶五个步骤。具体是在点茶时事先将饼茶碾成末，放入碗中，调好炭火并将水烧开，水初沸时立即离火，冲点碗中的茶末，同时搅拌均匀，待茶末上浮后便可饮用。

明清时期，茶文化的发展有了新的历史烙印，明初朱元璋为了减轻百姓负担，除去奢靡之风，他下令改革茶制，用散茶代替饼茶进贡，把繁杂的制茶工艺简单化，随之饮茶的方法也得到了进一步简化。对制茶、饮茶提出“自然本性”和“真味”，对茶具的生产制造和使用，已随之形成了泡茶、饮茶的简单形式，并相传至今。清代云南的普洱茶，因茶味浓醇、性温味香，又具有帮助消化、消积去腻等诸多保健作用，备受清廷皇亲国戚的厚爱，并以“金瓜贡茶”“团茶”“饼茶”为主定为贡品，规定每年茶农需上缴普洱贡茶3.3万千克。清廷喜欢普洱茶之风，推及民间，使普洱茶名声大震，广泛流传。明清时期，茶业发达，茶馆兴盛，茶文化繁荣，各种茶肆、茶馆、茶档成为当时百姓生活中的重要社交活动场所，置身其间，人们既饮茶，又交友，书生吟诗作对，商人高谈阔论。史料记载，清朝末期，北京城有规模的茶馆达数十家，上海多达66家，苏浙一带有的古镇茶馆就有上百家之多，可见茶文化的发展和繁荣。

茶的饮用方式汉以煮茶法为主，唐以煎茶法为主，宋以点茶法为主，只有明清简化到泡茶法。泡茶法是将茶叶放入茶壶或茶盏之中，以沸水冲泡后直接饮用的饮茶之法，由于它的简便快捷，很快就取代了煎茶法和点茶法，也自然而然地相传到今天人们的日常生活中。明清的泡茶法使茶壶这一茶具得到了空前的推广和普及，泡茶法主要程序包括备器、择水、取火、候汤、投茶、冲泡、酾茶、品茶等。

三、玉溪窑青花茶壶鉴赏

有茶就得有与之相匹配的茶具，茶具中最不能缺少的就是茶壶。茶壶是一种泡茶的带嘴器皿，茶壶一般由壶盖、壶身、壶嘴、壶把、壶底、圈足组成。壶盖由孔、钮、座、盖等细节组成；壶身由有口、唇、嘴、流腹、肩、把等组成。由于壶的把、盖、身、底、形的不同，形成了各式各样的茶壶器形；由于制壶的材料不同，如陶、瓷、铁、锡、银等，形成了不同材质、各种质地的茶壶。各种造型、不同质地的茶壶千姿百态，不计其数。图4–6–3、图4–6–4均为青花茶壶。

图4–6–3　青花茶壶

玉溪窑元明时期的青花茶壶，是随着云南茶业和茶文化的发展，涌现出来的一朵奇葩。在云南边疆地区，元明时期的种茶、制茶、饮茶可谓家喻户晓，其茶壶的造型和

图4–6–4　青花茶壶

青花绘画，可见当时的制陶、烧瓷产业的发展状况，并以茶文化、陶瓷文化相融合而形成的精神文化广泛而高雅。

如图4-6-5是玉溪窑明代青花茶壶，壶身高17厘米，壶口直径5厘米，圈足6厘米，壶肩宽10厘米，腹直径15厘米，壶嘴较小不足1厘米，但整体造型端庄大方，美观实用。青花色调蓝中泛黑，绘画图案繁密，肩部画有莲花纹饰，腹部两侧开光规整，并画有两朵牡丹纹饰，用笔流畅，布局繁中留白，壶把、壶嘴均有青花点缀，壶盖以菊纹饰之，具有元、明风格的代表性。茶壶质地较粗，胎体厚重，露胎部分留有手工制作痕迹，因而土沁较深。

图4-6-5　青花茶壶

玉溪窑明代青花茶壶的制作工艺及绘画装饰达到如此高的水平，足以说明当时玉溪茶文化的发展和陶瓷制作工艺的水准，由此可见哇家玉溪人的祖先对精神世界的追求和享受，身边有青花瓷的茶壶，壶中有普洱茶的清香，口中品茗回甘味，心中宁静无烦恼，一口又一口地品茶，便是一次又一次与自然接吻，其妙难言。图4-6-6、图4-6-7

均为青花茶壶。

图4-6-7　青花茶壶

图4-6-6　青花茶壶

第七节　青花香炉与香道

一、话说香炉

说起香炉，人们总是把它与佛教联系起来，认为香炉最大的功能就是一件敬佛或是祭祖的礼器。其实，香炉也是文人雅士的生活必需品，把它视为心爱之物，把它置于书房案头，读书时点上一炷清香，便有“红袖添香夜读书”的美妙意境。把它置于琴房，才女拨动琴弦，清香冉冉升起，闻香听琴，再乱的心情也会静如无波之池水。具有莫名灵性的香炉，它会在你自觉接受与不自觉接受之间，赋予你更多生命的灵性，它会带你穿越时光隧道，进入无边无际的宇宙之中，追逐并领略博大深远的内心世界，让你见不到红尘，听不到噪声，仿佛整个世界只有你一个人，你可以想做什么就去做什么，不想做什么就不去做什么。图4-7-1、图4-7-2均为青花香炉。

图4-7-1　青花香炉

图4-7-2　青花香炉

二、香炉的发展历史

香炉，是华人民俗、宗教、祭祀活动中不可缺少的器物。起源于何时，尚无定论，最早记载是出现于西汉时期的博山炉。西汉之前，人们使用茅香，即将薰香草放置在豆式香炉中直接点燃，虽然香气馥郁，但烟气较大。武帝时，南海地区的龙脑香、苏会香传入中原，并将香料制成香球，置于炭火之上，用炭火的高温将这些香球燃起，香味浓厚，烟火又不大，因此出现了形态各异的博山炉。唐代诗人李白《杨叛儿》诗云："博山炉中沉香火，双烟一气凌紫霞。"描述的就是博山炉熏香时香烟缭绕的迷人意境。唐代最好的香炉应是唐三彩香炉，它做工精致，露胎为粉红色，黄、绿、褐彩绘相结合，釉自然往下流淌，五只老虎足支撑香炉主体，显得光彩夺目，沉稳雄健。宋代五大名窑均烧制有香炉，造型、品种众多。耀州窑香炉，炉唇边较宽，釉色青润自然，有"巧如范金，精比琢玉"的美誉。明代香炉以瓷炉和铜炉为主，瓷炉大多数以青花瓷为主，玉溪窑在这个时期便出现了大量的玉溪青花香炉，并以假足小香炉盛行，有青花假三足小香炉、青釉假三足小香炉、酱釉假三足小香炉等。同时期也出现了色彩斑斓的五彩瓷香炉，造型各异、流传广泛的大明宣德铜

图4-7-3　青花香炉

图4-7-4　青花香炉

炉。清代香炉的款式、造型及品种更为广泛，主要以铜炉、瓷炉、掐丝珐琅铜香炉为主，清代香炉种类多且各种底款均有，也有仿宋瓷炉、仿明铜炉等流传于世。图4-7-3、图4-7-4均为青花香炉。

三、香炉的文化

中国的香炉文化源远流长。在佛家看来，香与人的思想、智慧、德性是相通的，对一个修行得道的圣贤，他的身体能自然散发出一种特殊的香气。香烟则是人与上天沟通的桥梁，只有焚香时，人们的祈祷才能顺着香烟的通道直通上天的神灵，而相互沟通，只祈祷不焚香，上天神灵就不知道。《楞严经》记载，在楞严法会上，香严童子叙述自身得悟的因缘，就是以闻沉水香，观香气出入无常而

图4-7-5　青花香炉

图4-7-6　青花香炉

悟道。图4-7-5、图4-7-6均为青花香炉。

古代文人雅士常常追求四艺，四艺指的是焚香、烹茶、插花、挂画。焚香成为文人雅士生活中不可缺少的情趣，同时也是门第身份的象征。香的悠然、高雅赋予了文人生活的感悟和心灵的寄托。北宋诗人陈与义在《焚香》中写道："明窗延静书，默坐消尘缘。即将无限意，寓此一柱香。当时戒定慧，妙供均人天。我岂不清友，于今心醒然。炉香袅孤碧，云缕霏数千。悠然凌空去，缥渺随风还。世事有过现，熏性无变迁。应是水中月，波定还自圆。"意思是：坐在明亮的窗前，打开一卷经书，安静的阅读，去参悟消解尘缘的道理。把经文中蕴含的无限深意，寓注于这袅袅升起的青烟。在专注于经书时产生戒定慧，奇妙的境界恍惚已经天人合一。我难道没有清明平和的心态吗？现在心里却像做梦一样到处去游行。炉火中一柱香烟孤独升起，香烟呈现碧色，慢慢散开，一缕缕香烟又变成成千上万的细雾。烟气飘飘摇摇凌空飞去，恍惚缥缈又似微风吹还。世界上的事情有过去现在变换，烟气的性质却没有变迁。就像水中的月亮一样，水波平静之后就会显现出原本月圆的样子。诗人以焚香之艺，闻香之举，观香烟之形状与变化，求得心静，求得自在，求得天人合一，使香与人的精神融合在一起，让人与香烟随风缥缈而脱俗。

四、玉溪窑青花香炉鉴赏

1. 三足双耳青花炉

炉高11厘米，足高2厘米，炉心深8厘米，香炉的口沿为厚唇，自然收口，口唇厚度为2.5厘米。炉心内是露胎，炉底部分也露胎，露胎部分可见灰白色胎骨，足见玉溪窑泥本质，并清晰留下当时工匠手工拉坯和修坯的痕迹。这尊香炉整体由三部分组成，一是一次拉坯成形的炉身，二是由粗到细的三足，三是S形状的双耳，三足及双耳是粘接后烧制而成。整尊香炉设计精细，十分美观，规整耐看，正面有青花花惠图案，正中有一个“福”字，以寓焚香祷福，双耳有简洁的青花纹饰，看去古意盎然，大气高贵，造型典雅。图4-7-7为三足双耳青花炉。

图4-7-7　三足双耳青花炉

2. 观音宝盖青花熏炉

炉高5厘米，炉口直径10厘米，炉心深5厘米，观音像高5厘米，圈足直径6厘米。这尊香炉分三部分组成：一是一次拉坯成形的炉身，二是炉盖，三是粘接后烧制成的观音像。炉底圈足部分露胎，炉盖内堂露胎，露胎部分可见灰白泥料，炉心施釉，开片较美观，炉心烟熏痕迹较为严重，炉口唇内敛，且较薄。炉身及炉盖均有青花菊纹满饰，观音像精巧别致，莲花台前有一小孔，炉内熏烟时，香烟自然顺小孔从观音身前袅袅升起，此时可见青花宝炉精致小巧，莲花台前卷烟袅袅。图4-7-8为观音宝盖青花熏炉。

图4-7-8　观音宝盖青花熏炉

3. 假三足菊纹青花炉

炉高5. 5厘米，炉口直径9厘米，炉心深5厘米，圈足直径5厘米。这尊香炉为假三足菊纹青花炉，炉底及炉心均露胎，腹大且造型均称美观，收口外敞成喇叭状，敞口部分留有三个小孔，少部分脱釉，腹部饰有缠枝菊纹，纹饰清晰美观，画法简洁流畅，整体造型独特别致，施釉均匀，白中泛黄，色泽莹润，青花典雅，格调高贵。图4-7-9为假三足菊纹青花炉。

图4-7-9　假三足菊纹青花炉

4. 假三足岁寒三友青花炉

炉高6厘米，炉口直径8厘米，炉心深5厘米，圈足直径5厘米。这尊香炉为假三足岁寒三友青花炉。炉圈足及炉心均露胎，胎土呈灰白色。炉身青花满饰，图为写意松竹梅，祥云纹饰辅之，故称岁寒三友青花炉。整体造型端正、大方、实用。图4-7-10为假三足岁寒三友青花炉。

图4-7-10　假三足岁寒三友青花炉

5. 祥云纹饰青花炉

炉高5. 5厘米，炉口直径6. 5厘米，炉心深4. 5厘米，底足直径4厘米。这尊香炉无三足，也无圈足，只有露胎的平底足，炉身满饰祥云纹，既简单大方，又显祥端典雅，虽然其造型一般，但青花云饰流畅均匀，朵朵祥云如从天空飘来，简简单单伴随香烟升起。图4-7-11为祥云纹饰青花炉。

图4-7-11　祥云纹饰青花炉

6. 水波纹饰青花炉

炉高6.5厘米，炉口直径9厘米，炉心深6厘米，炉圈足5厘米，炉口唇厚0.5厘米。这尊香炉无三足，有如小碗一样的圈足，圈足及炉心露胎，炉口唇部内敛，炉身满饰水波纹，纹饰简单随意，造型典雅。图4-7-12为水波纹饰青花炉。

图4-7-12　水波纹饰青花炉

7. 假三足一字纹青花炉

炉高5. 5厘米，炉口直径8厘米，炉心深5厘米，圈足直径4. 5厘米，炉口唇厚0. 5厘米。这尊香炉圈足及炉心露胎，炉口唇部内敛，炉身以简单的一字纹装饰。画法均匀有力，留白部分间距相当，可见画师笔法娴熟，挥毫自然。圈足部分露胎显见灰白胎土成分，修坯工艺精细，圈足非常规范，炉身造型简洁大方，施釉均匀，整体匀称美观。图4-7-13为假三足一字纹青花炉。

图4-7-13　假三足一字纹青花炉

第八节　青花器物与宗教文化

一、玉溪青花与佛教文化

玉溪青花多以莲花、宝相花、莲瓣纹、仰莲纹、缠枝花纹、十字金刚宝杵纹为纹饰，藏有佛教文化的痕迹。佛教传入我国后，逐渐形成汉传佛教、南传佛教和藏传佛教三大分支体系。佛门八宝即为：法轮、法螺、宝伞、白盖、莲花、宝瓶、金鱼、盘长，其中法轮就是佛法代称。莲花大量用作青花纹饰，莲花在佛教中有着极为重要的意义，佛教认为世界是由地、水、火、风四大元素和合而成的，而水则是四大元素中最重要的元素，莲花是水的代表符号，它出淤泥而不染，花绽开于水面，水代表清净，火代表烦恼，因此莲花代表清净功德和清凉的智慧，能在烦恼的人世间给你带来清净的境界。图4–8–1、图4–8–2、图4–8–3、图4–8–4、图4–8–5、图4–8–6、图4–8–7、图4–8–8、图4–8–9、图4–8–10分别为梵文墓志、莲花纹饰、青花三件套、青花三件套、青花三件套、青花三件套、青花三件套、青花三件套、青釉三件套、酱釉三件套。

图4–8–1　梵文墓志

图4–8–2　莲花纹饰

图4-8-3　青花三件套

图4-8-4　青花三件套

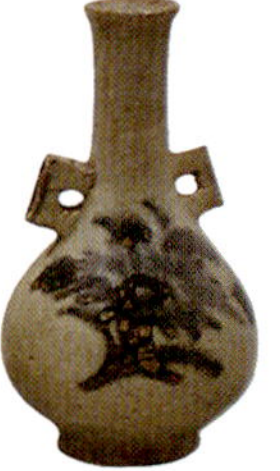

图4-8-5　青花三件套

图4-8-6　青花三件套

图4-8-7　青花三件套

图4-8-8　青花三件套

图4-8-9　青釉三件套

图4-8-10　酱釉三件套

玉溪青花十字金刚杵纹饰，分东、南、西、北四个杵头。其中东（白色）表示脱离各种妖魔鬼怪，清除一切疾病、苦难、愚昧之障。南（黄色）表示寿命、福分、财源、名声和权势等方面的兴旺发达，以及学问、能力、修炼体会和超凡脱俗的智慧，如日月东升、蒸蒸日上。西（红色）表

图4-8-11　系带金刚宝杵

示聚集天地间神、鬼、人的一切财物和权势。北（绿色）表示脱离色界和无色界的一切困苦，斩断修菩提中的各种魔障。十字金刚杵的中心（蓝色）表示成就一切事业。图4–8–11、图4–8–12分别为系带金刚宝杵、梵文墓志。

图4–8–12　梵文墓志

玉溪青花五谷风水小罐。五谷是指大米、小米、高粱、玉米、大豆，将五谷杂粮均匀混合在一起装入风水小罐中，盖上盖子，置于安葬火罐的后位，其作用可以驱逐外鬼，安顿家鬼，相当于守墓神，它在此可向四方宣示

图4–8–13　风水罐

图4–8–14　风水罐

主权，警告外鬼莫入，此地也有主人，该离须去，当来则往，五谷杂粮，世代供养，家鬼归位，闲杂避让。图4-8-13、图4-8-14、图4-8-15、图4-8-16、图4-8-17分别为风水罐、风水罐、风水罐、风水罐。

图4-8-15　风水罐

图4-8-16　风水罐

图4-8-17　风水罐

二、玉溪青花与道教文化

玉溪青花有八卦图饰香炉、葫芦造型花瓶、暗八仙图饰大罐，也有堆贴八仙人物青花大罐等反映道教文化的各种青花器物。八仙过海的故事，是我国民间脍炙人口的故事之一。传说铁拐李邀七仙到蓬莱仙阁聚宴，席间，铁拐李提出点化曹国舅成仙的建议。曹国舅多次劝谏皇帝不做昏君，不贪美色，要为天下苍生谋幸福，但皇帝却听不进良言，还将曹国舅贬出宫外。在去蓬莱阁的路上，汉钟离点石为羊，拦住曹国舅的官轿，后又化作道士，赠白马给曹国舅，让他骑着白马去寻求清净之地。曹国舅因劝谏皇帝而受杖打并被贬出宫门，他心灰意冷，终于醒悟，决心弃官求仙。在去求仙的路上，遇河乘船时，何仙姑化作艄公摆渡，船到河中，艄公点篙上岸，木船下沉，曹国舅落入水中，待他升上水面时，突然发现自己穿着的官服变成了普通老百姓穿的布衫。原来，何仙姑本是富豪之女，因被其父怀疑是妖种，便将其女抛弃到荷花池中，后被好心的奶母救起抚养，两人以采莲为生，相依为命。吕洞宾数次试探何仙姑，发现何仙姑品格高尚，对其养母孝心一片，并将之点化成仙。有一天，曹国舅的表弟王老爷及其子王公子无理强占他人酒店，曹国舅极力阻止，但无能为力，只能痛骂一通。此时吕洞宾施展仙术，将王氏父子活活夹死。曹国舅看到这些情况，拉住吕洞宾不放，要拜吕洞宾为师傅。吕洞宾指点他去找张果老，张果老倒骑毛驴，哼着渔歌小调，启示曹国舅要去寻找人间罪恶的根源。曹国舅受到指点后，四处巡游，努力去寻找人间罪恶的根源。一日，正巧遇上兄弟二人因争夺一根点金棒而打死亲生父亲一案。贪官朱县令不仅不受理此杀人案，不为百姓做主，还将那根点金棒占为已有，并将自家的所有财物点成金子。曹国舅将兄弟二人带到朱县令家，看到此景，老

图4-8-20　八卦纹饰罐

二将手一抬，点金棒立刻飞回他手中，变成一只神箫，兄弟二人显现出吕洞宾和韩湘子的本来面目。曹国舅借过神箫，将朱县令及其小妾变成粪土和骷髅，然后将神箫抛上屋顶，其装满金子的屋子顷刻倒塌，化为乌有。曹国舅此时大彻大悟，立即悟到，人间罪恶之源就是一个“贪”字，遂羽化成仙，蓬莱仙阁，八仙聚会，何仙姑归还了曹国舅的官服。随后，八仙各显其能，各持一法器，过海而去。故称：八仙过海，各显神通。图4-8-18、图4-8-19、图4-8-20分别为堆贴八仙人物图、葫芦瓶、八卦纹饰罐。

图4-8-18　堆贴八仙人物图

图4-8-19　葫芦瓶

第五章　玉溪窑青花文化创新

第一节　玉溪窑青花文化的魂与根

一、苏麻离青

自元代有了青花瓷以后，青花料便成了青花瓷的魂。青花料由于产地不同，成分中含钴、铁、锰的比例不一，导致高温后的反应，即青花发色各不相同，并成了青花瓷器断代的主要依据。明万历年间《窥天外乘》记载，明永乐、宣德年间内府烧造瓷器，以“苏麻离青”为饰。清代《陶说》《景德镇陶录》则又将苏麻离青称为“苏渤泥青”。该料在青花发色中呈色浓重青翠，由于铁含量高，往往出现铁锈斑，又因料中含有一定量的锰，故蓝色浓重青翠之中又略泛紫红色，使得青花颜色浅淡闪灰，出现晕散的效果。所谓晕散，是一种在青花色料区域与非色料区的边界处，呈现出模糊不清，恰似墨水泼在宣纸上向外扩散出来的视觉现象。出现晕散的原因，是由于青花色料和釉在高温下黏合度降低，流动性增加，导致青花色料从着色区域向非着色区域扩散，形成的很自然的晕散效果，晕散由此成为使用苏麻离青料的青花瓷特征之一。

苏麻离青是波斯语译音，它是元、明、清代从外传入的青花料，由于产地多数为伊斯兰国家，故也称之为“回青”料。“回青”料是从哪里来的，是如何来到我国的，目前较为权威的说法是来自伊拉克萨马拉的钴蓝料。钴蓝料即氧化钴，呈现较为稳定的蓝色，0.25%的氧化钴在釉中能呈现中度蓝色，0.5%能呈现艳丽的蓝色，1%能呈现非常深的蓝色,高于1%则会呈现蓝黑色。伊拉克的奥曼和黑加北部盛产丰富的钴矿，并已在当地陶器烧造中广泛使用，伊拉克的萨马拉是最大的制陶中心，萨马拉出土的瓷片证明了当时仿制中国白瓷的现象，并使用氧化钴作为釉下颜料，成功烧制青花瓷器，以满足伊斯兰人民崇尚蓝色的审美取向。由于元王朝统治版图广阔，加之贸易交往，商人们便会自然而然地想到把钴蓝料用到景德镇烧制的白瓷之上，以满足消费者的审美需求。元中、晚期，大批商人便从伊拉克萨马拉将钴蓝料带到景德镇，按伊斯兰细密画风格和器型要求，定制大批青花瓷器销往阿拉伯地区，其精致的画工，独特的器型，苏麻离青料的发色均比销往国内的要漂亮得多，这从土耳其伊斯坦布尔托普卡比博物馆现在馆藏的中国元代青花瓷器中可以证实。

明永乐年间，郑和七下西洋，在外交过程中也从苏门答腊岛、槟榔屿、伊斯兰各国带回苏渤泥青，即苏麻离青、回青料，据《江西大志·陶书》记载：“陶用回青，本外国贡也。嘉靖中遇烧御器，奏发工部，行江西布政司贮库时给之。”可是，苏渤泥青，即苏麻离青、回青，是外国的贡品，是进口的青花钴料。

二、珠明料

珠明料，云南地方多数称之为“碗花”料，顾名思义，老百姓将烧造青花碗的青花料称为碗花料。珠明料在云南产地很多，如玉溪、昆明、会泽、宣威、宜良、马龙、泸西等地均有，宣威产的天然钴料中氧化钴的品位最高。明万历年间，朝贡中断，政府只能以重金向西亚地区购买回青料，使得制瓷成本增加，影响外销和国内市场供应。由于代表云南青花的玉溪窑，在当时已有很大的生产规模，人们在寻找高岭土时，自然寻找到了钴土，在烧制成功后，政府将之称为“朱明料”，当地百姓称之为“碗花”料。从此，景德镇官窑、民窑均大量使用朱明料，从而使玉溪窑青花瓷在烧造技艺和规模上有了新的发展，也使云南成为全国青花料的生产地，明代青花文化的发展，因朱明料而使云南在全国成为三大青花产地之一。直到清代，政府仍专门派官员到云南开办公司，设置机构，负责青花料的开采、收购，并运往景德镇进行官窑生产之用。清灭明朝后，为了肃清明朝在各地各领域的影响，清政府将明代的“朱明料”改名为“珠明料”，自清初至今，云南生产的青花料便正名为“珠明料”，由于当时信息传递手段所限，加之玉溪窑青花烧制窑口较广，且云南交通不便，故而也出现把“珠明料”称“明珠料”之现象。

据云南玉溪的赵勇先生收藏的《刘春霖就此事致云南总商会之照会》记载，清光绪三十二年（1906年），景德镇官员陈庚昌到云南开办“保源滇料公司”，专在云南采购珠明料，并源源不断地运往景德镇以供制作青花瓷之

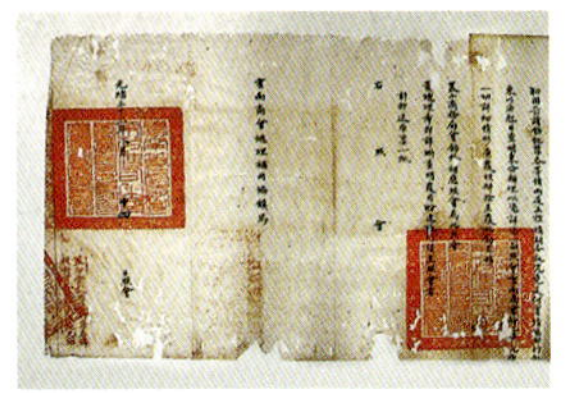

图5–1–2　《刘春霖就此事致云南总商会之照会》局部图

图5–1–3　《刘春霖就此事致云南总商会之照会》局部图

用。在工作中，由于公司与当地供货方产生业务上的矛盾，公司招牌被人拆毁，货物被人抢走，为此陈庚昌利用个人关系及影响力走动于京师，要求查办相关人员与袒护歹人的云南东川知府。为此，农工商部咨文云南、江西两省落实、调解，然而十个月后仍无回复，故此再次行文催问。云贵总督丁振峰叩命藩司刘春霖处理此事。刘春霖行文云南总商会，请调查、落实纠纷，详情回复，以便秉公处理。图5–1–1、图5–1–2、图5–1–3分别为《刘春霖就此事致云南总商会之照会》全景图、《刘春霖就此事致云南总商会之照会》局部图、《刘春霖就此事致云南总商会之照会》局部图。

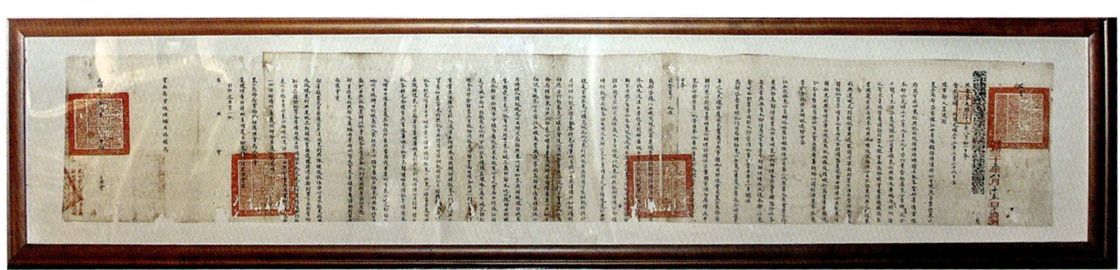

图5–1–1　《刘春霖就此事致云南总商会之照会》全景图

三、洋　料

民国以后，德国、日本的氧化钴进入国内市场，人们称之为“洋料”。如当时景德镇市场，由查裕顺颜料店负责销售，其中墨鹤牌的为最好，由于洋料价廉物美，大多制瓷者均选购洋料，珠明料生意逐渐衰落。同一以命运，玉溪窑青花瓷的烧造也逐渐退出历史舞台，取而代之的是价廉物美的景德镇青花瓷器，玉溪窑青花的各窑口均转向釉陶、紫陶等粗陶生产。光绪年间，云南昆明李家箐、桃源所产的珠明料堪称上等料，销往景德镇的珠明料每年货值相当于今天人民币的40万元以上，随着洋料的进入，珠明料也逐步成为了历史的记忆。

云南天然钴土料，由于根植大地母亲之怀抱，尽管历史使之时而重彩，时而淡然，但其根仍系大地之上。人类无力使之走出天然之列，在地球上销声匿迹。在科技发达的今天，如果你要烧制最高档的细瓷，仍离不开上等的天然钴土珠明料，它是脱胎、粉定国瓷不可少的青花料，是再好的洋料也替代不了的钴土料。

第二节　大力推广玉溪青花文化

一、加大玉溪青花文化的宣传力度

推广普及玉溪青花文化。玉溪青花作为云南省级非物质文化遗产，要走向普通群众让更多的人认识和了解，走进校园让更多的人学习了解并让喜欢它的人传承和保护是对其传承保护的最佳途径。我们要积极推广普及玉溪青花知识。一是通过校园电视台，安排陶瓷专业教师开展玉溪窑青花陶瓷历史、玉溪青花瓷器欣赏、玉溪青花瓷装饰技法、绘制手法等专题讲座，向全校师生普及传播玉溪青花陶瓷知识。二是组织陶瓷专业教师编辑出版玉溪青花烧制技艺的校本教材，并在陶瓷专业班级推广运用，服务教学需要。三是围绕玉溪青花瓷的历史脉络、发展现状、传承保护等内容，制作《玉窑神韵》专题片，并将其作为宣传展示的重要内容之一，在各级领导、兄弟院校、社会各界到校参观时进行播放，将玉溪青花文化发扬光大。四是充分利用互联网、新闻媒体等宣传平台，加大对玉溪青花的宣传，如先后在《光明日报》《云南信息报》《玉溪日报》等各级各类媒体上报道玉溪青花相关情况。五是充分发挥企业对玉溪青花的宣传推广作用。如玉溪玉之陶文化传播有限责任公司先后通过昆明南博会、玉溪文化产品展览会等渠道，开设玉溪青花专门展区，宣传展示玉溪青花文化、推介玉溪青花瓷器新产品。图5-2-1、图5-2-2、图5-2-3、图5-2-4、图5-2-5、图5-2-6、图5-2-7、图5-2-8、图5-2-9、图5-2-10、图5-2-11、图5-2-12、图5-2-13分别为凤凰纹饰、牡丹纹饰、植物纹饰、植物纹饰、植物纹饰、植物纹饰、人物图案、人物图案、人物图案、人物图案、人物图案、金刚杵纹饰、一把莲纹饰。

图5-2-1　凤凰纹饰

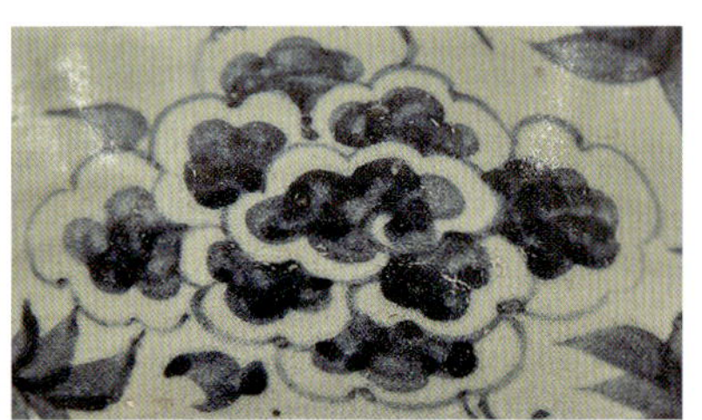

图5-2-2　牡丹纹饰

图5-2-3　植物纹饰

图5-2-4　植物纹饰

图5-2-5　植物纹饰

图5-2-6　植物纹饰

图5-2-7　人物图案

图5-2-8　人物图案

图5-2-9　人物图案

图5-2-10　人物图案

图5-2-11　人物图案

图5-2-12　金刚杵纹饰

图5-2-13　一把莲纹饰

图5-2-15　玉之陶公司知名品牌标志

图5-2-16　玉之陶公司产品

图5-2-17　玉之陶公司产品

二、扩大玉溪青花文化的社会影响

扩大玉溪青花文化的社会影响。通过玉溪青花的传承保护、宣传推广和研发创新，玉溪青花陶瓷融入了玉溪陶瓷文化创意产业，成为继工业陶瓷产业之后以玉溪青花为表现形式的工艺陶瓷发展的重要方向。目前，玉溪青花的传承保护和创新发展已成为玉溪市政府层面、文化界和企业行业高度关注的内容之一。玉溪陶瓷文化创意产业将玉溪青花列为重点发展的内容，已构建起了覆盖政府、学校、企业的，集传承保护、产品研发、技术攻关、推介销售为一体的玉溪青花发展的生态链，玉溪青花的社会知名度和影响力大幅提高。玉之陶文化传播有限公司、玉溪陶瓷厂、青玉善瓷、溪窑等实体企业，都在以玉溪窑青花文化传承为己任，努力研发和创新玉溪窑新产品，扩大玉溪青花文化的社会影响，让玉溪青花文化成为玉溪的城市符号。图5-2-14、图5-2-15、图5-2-16、图5-2-17、图5-2-18、图5-2-19、图5-2-20、图5-2-21、图5-2-22、图5-2-23、图5-2-24、图5-2-25、图5-2-26、图5-2-27分别为玉之陶公司匾额、玉之陶公司知名品牌标志、玉之陶公司产品、玉之陶公司产品、玉溪陶瓷厂匾额、玉溪陶瓷厂非物质文化遗产传承标志、玉溪陶瓷厂、玉溪陶瓷厂

图5-2-14　玉之陶公司匾额

产品、青玉善瓷公司匾额、青玉善瓷公司产品、青玉善瓷公司产品、溪窑公司匾额、溪窑公司产品、溪窑公司产品。

图5-2-18　玉溪陶瓷厂匾额

图5-2-19　玉溪陶瓷厂非物质文化遗产传承标志

图5-2-20　玉溪陶瓷厂

图5-2-21　玉溪陶瓷厂产品

图5-2-22　青玉善瓷公司匾额

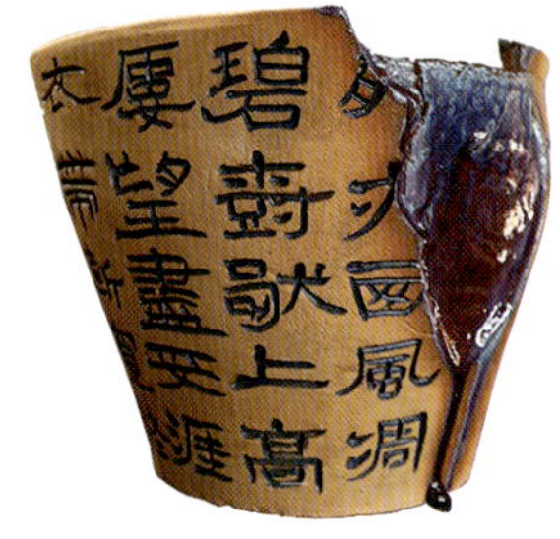

图5-2-24　青玉善瓷公司产品

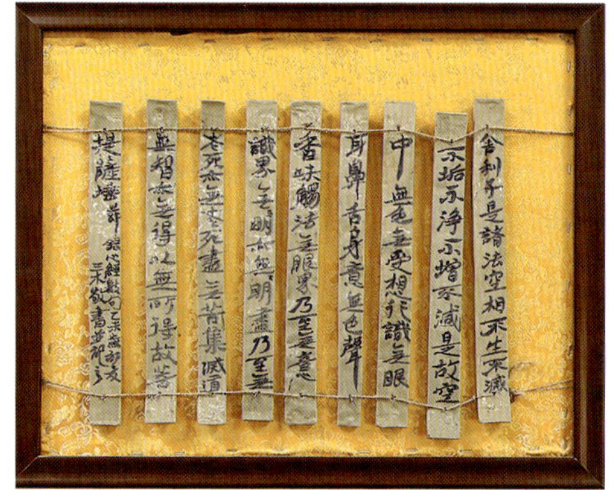

图5-2-23　青玉善瓷公司产品

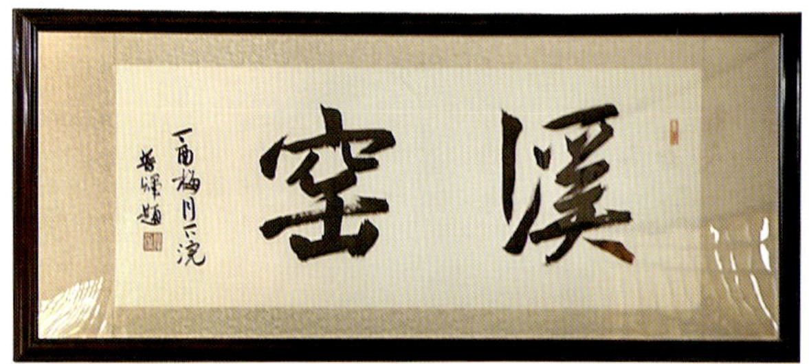

图5-2-25　溪窑公司匾额

图5-2-26　溪窑公司产品

图5-2-27　溪窑公司产品

三、拓展玉溪青花文化的创新力度

研发玉溪青花新产品。生产性保护是传统非物质文化遗产传承保护理论的重大创新和突破，其突出了传承保护要回归生活、回归大众，构建非物质文化遗产传承发展的生态环境，实现非物质文化遗产项目的可持续发展。具体而言，我们通过把玉溪青花元素融入玉溪陶瓷创意产业发展，实现文化元素与经济元素的融合。一方面，我们通过课题引领、项目驱动的方式，研发瓷板画，把云南独特的民俗文化、山水人文、自然景观元素，以瓷板画为载体，以玉溪青花装饰和烧制技艺为支撑，成功研发了兼具审美情趣、观赏价值、艺术价值的工艺陶瓷产品；另一方面，通过玉溪青花古瓷器的研究创新，开发体现出玉溪青花烧制技艺特征和装饰特征的玉溪青花碗、盘、盆、杯、茶具系列等工艺陶瓷产品，再把这些产品转变成商品，从而产生良好的经济效益和社会效益。图5–2–28、图5–2–29、图5–2–30、图5–2–31、图5–2–32、图5–2–33、图5–2–34、图5–2–35、图5–2–36、图5–2–37、图5–2–38、图5–2–39、图5–2–40、图5–2–41、图5–2–42、图5–2–43、图5–2–44、图5–2–45、图5–2–46、图5–2–47、图5–2–48、图5–2–49分别为玉溪青花创新产品、玉溪青花创新产品、玉溪青花创新产品、玉溪青花创新产品、玉溪青花创新产品、玉溪青花创新产品、青花梅瓶、青花茶罐、青花茶壶、青花茶杯、青花人物盘、青花凤穿牡丹、青花凤纹条屏、青花鱼纹条屏、青花吊坠饰品、青花吊坠饰品、青花吊坠饰品、青花吊坠饰品、青花吊坠饰品、青花吊坠饰品、青花吊坠饰品、青釉茶壶。

图5-2-28　玉溪青花创新产品

图5-2-29　玉溪青花创新产品

图5-2-30　玉溪青花创新产品

图5-2-31　玉溪青花创新产品

图5-2-32　玉溪青花创新产品

图5-2-33　玉溪青花创新产品

图5-2-34　青花梅瓶

图5-2-35　青花茶罐

图5-2-36　青花茶壶

图5-2-38　青花人物盘

图5-2-37　青花茶杯

图5-2-39　青花凤穿牡丹

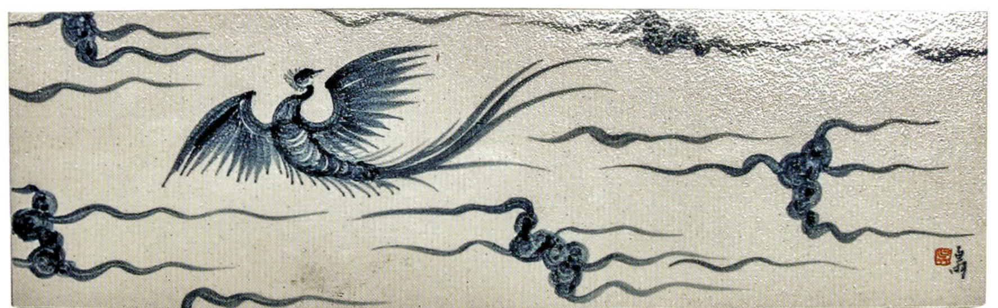
图5-2-40　青花凤纹条屏

图5-2-41　青花鱼纹条屏

图5-2-42　青花吊坠饰品

图5-2-43　青花吊坠饰品

图5-2-44　青花吊坠饰品

图5-2-45　青花吊坠饰品

图5-2-46　青花吊坠饰品

图5-2-47　青花吊坠饰品

图5-2-48　青花吊坠饰品

图5-2-49　青釉茶壶

第三节　让玉溪青花文化走向世界

中共十九大报告指出："文化是一个国家，一个民族的灵魂。文化兴国运兴，文化强民族强。没有高度的文化自信，没有文化的繁荣兴盛，就没有中华民族伟大复兴。要坚持中国特色社会主义发展道路，激发全民族文化创新创造活力，建设社会主义文化强国。"玉溪青花逢盛世而重现天日。凭它自身的文化魅力而传承至今，因一批又一批关爱它的艺术家、工匠及关爱它的人们而重放光彩，走出博物馆，走出玉溪。党的十九大让我们更加坚定了文化自信的决心，更加坚定了让玉溪青花文化走向世界的勇气。

一、让玉溪青花文化走出博物馆

在云南的红土地上，从省到州、市都有许多博物馆，这些各具特色的博物馆中都有一个展厅是相同的，就是反映云南陶瓷发展历史的玉溪青花瓷器展厅。如云南省博物馆、昆明市博物馆，玉溪、红河、楚雄、大理及禄丰县博物馆等，均有大量馆藏的玉溪青花瓷器。

如何让玉溪青花瓷器从博物馆走出来，如何让载有600多年历史烧制技艺的玉溪青花文化传承不断，玉溪市委、市政府做了大量的工作，使玉溪青花走出了博物馆。党的十八大以来，玉溪市委、市政府着力深挖本地青花文化的内涵，探索陶瓷产业的增长极，先后多次组团到江西景德镇、河南禹州、广东佛山等著名窑口进行考察学习，制定了玉溪陶瓷产业发展规划，找准定位，突出特色，注重玉溪青花文化传承和产业规划发展。2013年，在玉溪技师学院成立了玉溪窑发展研究中心，研究中心积极开展工作，成功复烧40余件元明时期的玉溪青花瓷器代表作品，亮相“2013玉溪市古玩艺术品博览会”，展现了玉窑神韵。玉溪窑发展研究中心复烧玉溪青花成果鉴定会在玉溪市博物馆举行，得到了故宫博物院杨静荣研究员等国内专家的首肯和好评，使玉溪青花文化的研究发展走出了第一步，走出了博物馆。

二、让玉溪青花文化走出玉溪

玉溪历史文化悠久，山川秀美，人杰地灵。玉溪青花文化始于元末明初，盛于明代，消退于清晚期。玉溪青花承载了玉溪人600多年前的艺术文化，儒、释、道文化，陶瓷烧制技艺等。20世纪60年代，云南省博物馆研究人员在玉溪市红塔区瓦窑村发现青花瓷器的古窑遗址，经专家认定这一能烧制青花的古窑遗址是我国三大青花产地之一，是除景德镇之外烧制元、明青花瓷器的重要窑口。2013

年，“玉溪古窑遗址”被列为全国重点文物保护单位，是云南省国家级重点保护单位中唯一一个古窑遗址地。

由于玉溪市委、市政府对文化创意产业发展的高度重视，2013年，“玉溪青花瓷器烧制技艺”被列入云南省人民政府第三批非物质文化遗产名录，保护单位为玉溪技师学院。2014年，玉溪技师学院、玉溪窑发展研究中心在省内首次成班级建制招收陶瓷工艺专业全日制教学班，对易门县120名陶瓷从业人员开展了陶瓷烧成工、陶瓷装饰工的培训和鉴定工作。并完成了“玉溪窑大型瓷板画烧制技术”研究课题。2015年，玉溪窑发展研究中心开始启动“玉溪窑青花”地理标志证明商标注册工作。2018年成功注册“玉溪窑青花”地理保护标识。完成了玉溪市社会科学联合会课题“非物质文化遗产校园传承研究——以玉溪青花烧制技艺为例”的研究工作。编纂出版《玉溪窑青花瓷工艺文化丛书》（共三册），有力推动了玉溪青花走出玉溪的步伐。2016年、2017年、2018年先后举办了三届“玉溪陶瓷工艺作品大赛”，每次比赛均有200多人参加，展现了玉溪陶瓷烧制技艺的水平，传承了玉溪青花文化，推进了玉溪青花文化向外传播的力度。

近三年来，玉溪窑发展研究中心与玉之陶文化传播有限公司等相关企业，先后在省内外举行30多场玉溪青花走出玉溪的宣传活动。先后参加了中国旅交会、中国旅游博览会、中国南亚商洽会、南博会、武汉旅游商品展示会、义乌旅游商品展示会、南宁茶博会、云南省茶博会、文博会、石博会、非物质文化遗产博览会、昆交会等。同时开展玉溪青花走进紫云青鸟创意园，走进昆明大学城，走进高铁广州站等活动。通过玉溪青花走出玉溪的各种活动，有力地宣传了玉溪，展示了玉溪非物质文化遗产项目的传承成果。图5–3–1、图5–3–2、图5–3–3、图5–3–4、图5–3–5、图5–3–6、图5–3–7、图5–3–8、图5–3–9、图5–3–10、图5–3–11、图5–3–12、图5–3–13、图5–3–14、图5–3–15、图5–3–16、图5–3–17、图5–3–18、图5–3–19、图5–3–20、图5–3–21、图5–3–22、图5–3–23、图5–3–24、图5–3–25、图5–3–26、图5–3–27、图5–3–28分别为青花纹饰宣传图案、青花纹饰宣传图案、青花纹饰宣传图案、青花纹饰宣传图案、青花条屏瓷板画、青花条屏瓷板画、青花条屏瓷板画、青花条屏瓷板画、青花瓷瓶画、青花瓷板画、青花瓷板画、青花瓷盘画、青花瓷盘画、青花瓷盘画、青花瓷盘画、青花瓷盘画、青花奇虾盘、青花瓦普塔虾盘、青花古虫盘、青花抚仙湖虫盘、青花创新产品、青花创新产品、青花创新产品、青花创新产品、青花三弦琴、青花瓦猫、青花雕塑、青花葫芦瓶。

图5–3–1　青花纹饰宣传图案

图5–3–2　青花纹饰宣传图案

图5–3–3　青花纹饰宣传图案

图5–3–4　青花纹饰宣传图案

图5-3-5　青花条屏瓷板画

图5-3-6　青花条屏瓷板画

图5-3-7　青花条屏瓷板画

图5-3-8　青花条屏瓷板画

5-3-9　青花瓷瓶画

5-3-10　青花瓷板画

5-3-11　青花瓷板画

5-3-12　青花瓷盘画

5-3-13　青花瓷盘画

5-3-14　青花瓷盘画

5-3-15　青花瓷盘画

5-3-16　青花瓷盘画

图5-3-17　青花奇虾盘

图5-3-18　青花瓦普塔虾盘

图5-3-19　青花古虫盘

图5-3-20　青花抚仙湖虫盘

图5-3-21　青花创新产品

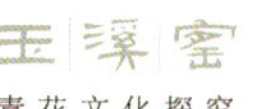

图5-3-22　青花创新产品

图5-3-23　青花创新产品

图5-3-24　青花创新产品

图5-3-25　青花三弦琴

图5-3-26　青花瓦猫

图5-3-27　青花雕塑

图5-3-28　青花葫芦瓶

三、让玉溪青花文化走向世界

玉溪青花文化的厚重，在于玉溪青花与景德镇青花具有血缘关系；在于玉溪青花具有600多年的烧制技艺传承历史；在于玉溪青花与东南亚、安南青花的不解之缘。玉溪青花文化的厚重，还在于其独特的风格，如胎显灰色，朴实中显出厚重；青花暗蓝，朴素中暗藏韵味；画法写意，潦草中挟带飘逸；釉色泛青，古朴中给人清净。

玉溪青花文化走向世界，既需要保持玉溪青花独特的文化，更需要随时代而创新，在传承中发展，在发展中传承。玉溪市委、市政府高度重视玉溪陶瓷产业的规划和发展工作，在每年投入扶持发展资金的同时，成立陶瓷工业产业园区、陶瓷鉴定中心、玉溪窑发展研究中心，建设青花街陶瓷文化旅游创意产业园，保护古窑遗址，玉溪技师学院大力培养陶瓷工艺专业人才，打造玉溪青花人才基地。更为振奋人心的是，2017年11月，玉溪市委、市政府举办“收获金秋、共谋发展”玉溪招商引智峰会，市政府同景德镇陶瓷大学、云南大学等高校签订了战略合作协议，为了进一步落实战略合作协议事宜，玉溪技师学院、玉溪窑发展研究中心与景德镇陶瓷大学、云南大学共同推进中国陶瓷文化研究所玉溪青花研究中心的建设和研究工作。为使玉溪青花走向世界，着力研究玉溪青花瓷胎土的配方，釉料及青花钴料配制，器型创新，装饰技法，使之达到国家级标准，将厚胎瓷变为薄胎瓷，并能适应1300度以上高温烧制，形成具有玉溪青花特色，又达到精致、美观的水平。我们自信，玉溪青花凭借自身独特风韵和魅力，在全国各地专家、艺术家、工匠及热心人的支持下，将会走出尘封的历史，走出玉溪，走入国际舞台，成为玉溪一张靓丽的名片，成为玉溪区别于其他城市的识别符号。

参考文献

［1］陈泰敏. 云南玉溪窑，北京：中国文联出版社，2014.

［2］吴白雨. 玉溪窑青花等色釉料配制技法与画法，昆明：云南科技出版社，2015.

［3］张巨成. 简明云南史话，昆明：云南人民出版社，2015.

［4］董文献，杨兴荣. 走进玉溪，昆明：云南人民出版社 2014.

［5］马文斗. 玉溪窑，上海：文汇出版社，2001.

［6］王玉珏. 玉溪窑青花瓷器的成型及烧制工艺，昆明：云南科技出版社，2015.

后 记

从1979年进入职业学校学习算起，我从事职业教育学习、研究、实践已近40年。我喜欢职业教育，喜欢既动脑又动手的工作，并将之视为我生命的组成部分。谈起职业教育，让我忘不了的是陶行知老先生写的一首儿歌和黄炎培老先生的教育思想。陶行知老先生曾写过一首儿歌：人有两个宝，双手和大脑，双手会做工，大脑会思考。用手又用脑，才能有创造。黄炎培老先生提出：职业教育外要适应社会分工制度的需要，内要应天生人类不齐才性之特征，不仅要求供需相济，而且要求才性相近，才能使事得人，使人得事，使百业效能赖以增进，使人获得职业之乐趣。职业教育的本质是为谋个性之发展；为个人谋生之准备；为个人服务社会之准备；为国家及世界增进生产力之准备。这就是我喜欢职业教育的原因，也是我一辈子从事职业教育工作的内在动力。

从上世纪90年代初，开始喜欢收藏，研究玉溪窑青花文化至今已近30年了。儿时碗上的青花记忆，博物馆藏精美的青花瓷器，古玩市场买来卖去的青花器物，这些都为我喜欢玉溪窑青花奠定了基础。2007年“中国云南青花暨边疆地区青花学术研究会”的召开，让我更加认识到了玉溪窑青花的伟大；2013年是玉溪窑青花发展史上重要的一年，在玉溪市委、市政府的正确领导下，在玉溪市文产办、文化局、博物馆、非遗办的大力支持下，玉溪技师学院成立了“玉溪窑发展研究中心”；聘请云南大学专家吴白雨先生作技术指导，设立吴白雨大师工作室；首次招生成班建制培养陶瓷工艺技术人才；“玉溪青花瓷烧制技艺”列入第三批云南省非物质文化遗产名录；“玉溪窑青花大型瓷板画烧制”市级课题成功验收。同年“玉溪古窑遗址”被列入国家级重点文物保护单位名录，是云南省唯一的国家级古陶瓷遗址地。今年又成功实现了“玉溪窑青花”原产地地理标志证明商标的注册工作。这些不仅反映了玉溪窑青花文化传承的重要意义，也反映了玉溪窑青花传承的任重道远。

玉溪窑青花瓷烧制技艺，玉溪窑青花文化传承探究都跟职业院校有关，跟我的收藏爱好和研究有关，在探索校园传承保护、人才培养、产品创新等方面得到领导和同仁们的鼓励和支持，在书稿付梓之际，我不禁感慨万千。在此衷心感谢吴白雨、陈泰敏、方洪、张汉东、瞿连贵、陈宝贵、赵勇、李相达、李朝、李江红、王玉珏、张健、赵恩、王溢、周俊辉、陈光林、罗树园、张池、马霄木、罗永林、甘玉善、王子强、李萍等人提供藏品、照片、资料等的帮助。衷心感谢为本书提供过帮助和支持的朋友们。

由于本人才疏学浅，仅以此书抛砖引玉，期待更多的学者和同仁关注玉溪窑青花文化的传承与发展，大力推广青花文化，使玉溪青花走向世界。

李华伦

2018年夏